순복음교회 빨간가방 구역장의 간증스토리

어! 예수 안에
떡두 있구
돈두 있네

- 박재숙 목사

_____ 님께

_____ 드립니다.

책 머리에

"사무엘이 이르되 여호와께서 번제와 다른 제사를 그의 목소리를 청종하는 것을 좋아하심같이 좋아하시겠나이까 순종이 제사보다 낫고 듣는 것이 숫양의 기름보다 나으니"(삼상 15:22).

이 글을 쓰려니, 감사로 눈물이 앞을 가리고 감격으로 가슴이 벅차오릅니다. 주님을 만난 순간부터 이어진 40여 년의 신앙생활을 뒤돌아보면 어느 하나 주님의 손길이 닿지 않은 곳이 없습니다. 저는 연약하기 그지없는 자이나 주님이 친히 저를 이끄사 후회 없는 삶을 살게 해주셨습니다.

1976년 10월, 그날 저는 여의도 순복음교회를 구경하고 싶어서 따라갔습니다. 흑백 텔레비전도 귀하던 시대에 아기엄마들은 따로 예배를(베들레헴 성전) 드리는데, 2층에서 드리는 예배실황이 거기서 그대로 보인다는 것입니다. 그 신기한 광경을 보고 싶어 호기심 가득한 마음으로 따라갔습니다.

8개월 된 둘째를 업고 4살 된 큰애의 손을 잡고 저는 여의도에 내렸습니다. 한강을 휘돌아 여의도에 부는 바람은 쌀쌀했고,

세찬 바람 속에 모든 사람들이 뛰어서 성전에 들어가고 있었습니다. 저도 뛰어서 막 복도에 들어섰는데 텔레비전 모니터에 조용기 목사님의 얼굴이 화면 가득히 클로즈업되어 눈에 들어왔습니다.

그런데 그 얼굴을 보는 순간, 제 가슴 깊은 곳에서부터 눈물이 펑펑 솟아나오는 것이었습니다.

그 눈물의 의미는 첫째, '내가 왜 이제야 예수님을 찾았을까.' 억울하고 억울하여 속에서 몸부림을 쳤습니다.

둘째는 나도 하나님께 왔다는 기쁨이 말로 다 표현할 수가 없었습니다. 억만금을 준다 해도 바꿀 수 없는 분으로 제 마음에 깊이 다가오셨습니다.

그날 목사님의 설교 말씀은 제 가슴 깊은 곳을 찔렀습니다.

저는 그날 설교를 통하여 두 가지를 마음에 새기며 돌아왔습니다.

하나는 '하나님 아버지께 예쁘게만 보이자.'는 것이었습니다. 자녀가 예쁘면 무엇을 해 줄까 고민하시는 아버지신데, 그렇다면 아버지의 말을 잘 들어야겠다고 마음먹었습니다(순종).

그날부터 주의 종의 말이라면 "아니요."가 아닌 "예. 예."만 하기로 작정하고 오늘까지 이르고 있습니다.

또 하나는 문제가 생기기 전에 먼저 기도하자는 것이었습니다. 은행에 돈을 저축하고 문제가 생기면 인출하여 해결하듯이, 미리 기도를 저축해야 합니다. 문제가 생긴 후에 기도하는 것이 아니라 생기기 전에 기도하기로 결심하였습니다.

부족하지만 이 두 가지를 늘 실천하려고 애쓰면서 오늘까지 이르고 있습니다.

한결같이 이 마음을 지켜오게 하신 하나님께 감사드립니다. 큰 어려움 없이 여기까지 오게 하신 하나님께 감사 외에는 드릴 말씀이 없습니다.

이 간증집을 읽는 모든 이에게, 보이는 세상 것을 좇아가는 것이 아니라, 보이지 않는 주님을 순전한 마음으로 좇아갈 때, 주님 안에 행복도 기쁨도 성공도 다 있다고 말씀드리고 싶습니다.

사람들은 "교회 다니면 떡이 나와? 돈이 나와?" 하고 비꼬는 듯한 말을 합니다. 그때마다 저는 자신 있게 말합니다.

"그럼요. 예수님 안에 떡도 있고 돈도 있고, 명예도, 행복도, 기쁨도 즐거움도 다 있지요."

그렇습니다. 예수님과 함께 있기만 하면 그 안에 인생의 행복이 다 있습니다. 전혀 부족함이 없습니다. 저는 성경 전체에서 그것을 말하고 있다고 믿고 있습니다. 성경 어느 곳을 펼쳐도 하나님의 인간에 대한 사랑으로 가득 차 있습니다. 매를 때려도 사랑이고, 고난의 늪으로 빠뜨려도 사랑입니다. 그 사랑 때문에 주님께 순종하고 말씀에 순종하며 살아갑니다. 저는 그 하나님을 모든 이에게 전하고 나누고 싶은 것입니다.

저는 이 간증집이 조금이라도 나의 자랑이 되지 않기를 바랍니다. 오직 성령님께서 저를 이끄심이 기이함을 나타내고자 함이기 때문입니다.

"너의 하나님 여호와가 너의 가운데에 계시니 그는 구원을 베푸실 전능자이시라 그가 너로 말미암아 기쁨을 이기지 못하시며 너를 잠잠히 사랑하시며 너로 말미암아 즐거이 부르며 기뻐하시리라 하리라"(습 3:17).

오직 모든 영광은 하나님께서 받으시기를 간절히 원합니다.
또한 저의 삶에 가장 소중한 남편과 자녀들에게 감사하고, 저의 목회에 개척부터 지금까지 함께 동역하고 있는 송화숙 전도사님께 감사하며, 이 간증문이 나오도록 부추기고 수고하신 김이리 선생님께 감사를 드립니다.

2013년 2월 20일
엘림교회 담임목사 박재숙

추천의 글 1

-기독교하나님의성회 총회장
성도교회 담임목사 박성배

"또 여호와를 기뻐하라 그가 네 마음의 소원을 네게 이루어 주시리로다"(시 37:4).

하나님이 우리 인생에게 가장 기뻐하시는 것이 무엇일까요. 하나님 말씀에 순종하고 따르는 것입니다.

그런 면에서 박재숙 목사가 어린 아이처럼 순전한 마음으로 하나님께 전적으로 순종하며 따라왔을 때 승리의 삶을 살 수 있었습니다.

박재숙 목사는 어린아이와 같은 순수한 마음을 가진 목회자입니다. 하나님의 뜻이라고 생각하면 "아니요."가 없는 전적으로 "예."의 길만을 걸어왔습니다.

하나님을 만나고 나서 박재숙 목사는 마치 젖먹이 갓난아기가 부모님을 의지하고 매달리듯이 오로지 주님의 손만을 붙잡고 한

걸음, 한 걸음 인생길을 걸어왔습니다. 주님 품이 아니고서는 숨 쉴 수도 없다는 듯이 늘 갈급하게 주님의 품을 사모하며 살아왔습니다. 그 사모의 표현이 전적인 순종이었습니다.

그 무조건적인 순종 앞에 하나님께서는 축복으로 갚아주셨고, 아름다운 가정과 훌륭한 자녀, 개척목회의 길도 예비해 주셨습니다.

"너희가 즐겨 순종하면 땅의 아름다운 소산을 먹을 것이요"(사 1:19).

아무쪼록 이 책을 읽는 모든 사람들이 하나님께 순종하는 복된 삶을 살아가기 바랍니다. 순종하여 예비된 하나님의 축복을 마음껏 누리고, 그 받은 축복으로 영혼을 구원하여 하나님의 곳간을 채우는 훌륭한 복음의 일꾼들이 다 되시기를 바랍니다.

추천의 글 2

-제천 순복음 총회신학교 교수
풍성교회 담임목사 안해운

"너희 속에 착한 일을 시작하신 이가 그리스도 예수의 날까지 이루실 줄을 우리가 확신하노라"(빌 1:6).

1988년은 세계 올림픽이 우리나라에서 개최된 해였습니다. 88 올림픽은 대한민국의 국운(國運)이 융성케 됨을 온 세상에 알리는 하나님의 축복의 신호였습니다.

그때에 저자 박재숙 목사님을 처음 교회학교 교사로 만나게 되었습니다. 그 후, 주의 여종이 되어 같은 사역의 길을 걷게 되었습니다.

눈여겨보았습니다.

항상 명랑하며 밝고 맑은 영성과 균형 잡힌 신앙생활을 통하여 한 가정의 어머니로, 아내로, 교회의 지도자로 소리 없이 하나님의 축복을 받으며 살아가시는 모습에 늘 기대감이 있었습니다.

몇 년 전, "내가 지금까지 너희들을 주안에서 여기까지 키워 왔으니, 이제는 엄마도 마음속에 있는 꿈의 뚜껑을 열어야겠다." 고 자녀들에게 말했다고 하시며 하나님께서 주신 시인(詩人)을 향한 무지갯빛 소망을 넌지시 보여 주셨습니다.

이번에 그 소박하고 아름다운 꿈의 새싹이 디자인되어 한 편의 시와 간증으로 묶어 출산하게 되니, 저자는 마치 신혼여행에서 선물을 한 아름 안고 친정집을 향해 달려오는 신부 같은 마음일 것입니다.

이 글을 읽는 모든 독자들은 구절, 구절이 저자의 하나님을 향한 눈물어린 사랑의 고백이요, 깊아도 깊을 수 없는 주님의 축복의 고백임을 함께 공감하는 소중한 시간이 될 것입니다.

바라기는 세상의 셀 수없는 많은 책 중의 하나가 아닌, 예수님께 초점을 맞추도록 도와주는, 균형 잡힌 신앙생활로 안내하는 그런 의미 있는 간증집이 되었으면 하는 마음입니다.

더불어 하나님께서 함께 동행하시면 인생이 어떻게 달라지는지를 일깨워주는 책이기를 바라며 출간을 진심으로 축하합니다.

contents / 차례

어! 예수 안에 떡두 있구 돈두 있네

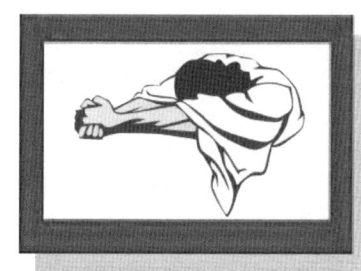

책 머리에 ❀ … 박재숙 목사 ▶ 3
추천의 글 1 ❀ … 박성배 목사 ▶ 7
추천의 글 2 ❀ … 안해운 목사 ▶ 9

제1장 일찍 시작한 결혼생활 ▶……17

1. 귀염받는 막내딸 ▶…… 19
2. 고등학교 졸업 후 서울로 올라오다 ▶…… 23
3. 어린 나이에 결혼하다 ▶…… 26
4. 회심할 즈음의 신앙환경 ▶…… 30

제2장 예수님, 사랑해요 ▶⋯⋯ 33

1. 여의도순복음교회에 나가다 ▶⋯⋯ 35
   ❋ 시/ 주님 마음 닮게 ▶⋯⋯ 40
2. 끝없이 쏟아지는 감격의 눈물 ▶⋯⋯ 41
   ❋ 시/ 들꽃 ▶⋯⋯ 44
3. 억만금을 준다 해도 바꾸지 않아요 ▶⋯⋯ 46
   ❋ 시/ 나의 아버지, 나의 하나님 ▶⋯⋯ 48
4. 빨간 가방 구역장 ▶⋯⋯ 51
5. 구역장이 되다 ▶⋯⋯ 54
6. 구역식구 백혈병 간증 ▶⋯⋯ 63
7. 머리를 잘리다 ▶⋯⋯ 67
   ❋ 시/ 하나님께 띄우는 사랑의 편지 ▶⋯⋯ 83
8. 아들을 주심으로 핍박에서 벗어나다 ▶⋯⋯ 85
9. 조장을 하세요 ▶⋯⋯ 100
10. 딸에게 있었던 어려움 ▶⋯⋯ 102
11. 신학교에 갈 것을 권유받다 ▶⋯⋯ 106
12. 개포동에서 다시 대치동으로 장막을 옮기다 ▶⋯⋯ 108

제3장 사명의 길, 행복한 길 ▶······ 111

1. 사명을 받다 ▶······ 113
❋ 시/ 주님 그 이름 ▶······ 118
2. 신학원에 가다 ▶······ 120
❋ 시/ 차 한잔의 여유로움 ▶······ 124
3. 전도사 시험에 떨어지다 ▶······ 126
❋ 시/ 주를 사랑하나이다 ▶······ 129
4. 개척교회를 돕다 ▶······ 131
5. 가정 문제로 교회를 그만두다 ▶······ 135
6. 21일 금식기도를 드리다 ▶······ 138
❋ 시/ 하나님 ▶······ 143
❋ 시/ 주님 ▶······ 145

제4장 오직 순종, 교회를 개척하다 ▶······ 147

1. 엘림교회를 창립하다 ▶······ 149
2. 교회를 꾸미다 ▶······ 153

3. 설교하며 힘을 얻다 ▶…… 160

4. 전도사님이 합류하다 ▶…… 162

❋ 시/ 아! 내가 목사가 되다니… ▶…… 163

❋ 시/ 하나님이 계셨기에 ▶…… 165

❋ 시/ 용서 ▶…… 166

❋ 시/ 자기를 바라는 자들에게 ▶…… 167

❋ 시/ 주님은 나의 ▶…… 170

5. 퇴직 후 사업을 원하는 남편 ▶…… 172

6. 자녀의 축복 ▶…… 175

7. 쉽지 않은 박사학위(찬양으로 승리) ▶…… 179

8. 하나님이 강제로 주신 아들 ▶…… 182

9. 이쁜 우리 태국 며느리 ▶…… 185

10. 십일조로 받은 축복 ▶…… 188

11. 변화를 겪다 ▶…… 193

❋ 시/ 회심 ▶…… 197

제5장 비전과 선교 ▶…… 201

1. 이웃을 섬겨보자 ▶…… 203

2. 쉽지 않은 전도 ▶…… 205

❋ 시/ 하나님은 ▶…… 210

3. 102살까지 장수하신 친정어머니 ▶…… 212

❋ 시/ 사랑스런 손주놈들 ▶…… 215

4. 제천 순복음신학교에 들어가다(순총학원) ▶…… 217

❋ 시/ 아침 산책길에서 ▶…… 219

❋ 시/ 늙어간다는 것 ▶…… 221

5. 시편 23편 말씀의 응답 ▶……222

❋ 시/ 아이 예뻐라 ▶…… 226

6. 남편 장로님과의 여행 ▶…… 228

7. 나의 자화상 ▶…… 232

❋ 시/ 하나님의 짝사랑 ▶…… 235

8. 나의 비전 ▶…… 237

제1장
일찍 시작한 결혼생활

1. 귀염받는 막내딸

저는 1952년에 충청도에서 4녀 1남 중 막내로 태어났습니다. 당시의 우리나라는 동족끼리 서로 피를 흘리고 싸웠던 6·25전쟁은 끝났지만 사회와 경제는 피폐할 대로 피폐해져 있었습니다. 산업시설은 다 파괴되어 잿더미가 되고 입을 것과 먹을 것이 모자라서 온 국민은 헐벗고 굶주리며 어려운 시기를 보내야 했습니다.

그래도 우리 가정은 시골에서 농사를 짓고 살았기 때문에 다른 사람들에 비해 생활은 나은 편이었습니다. 양식이 없어서 굶주려본 적도 없었고 자애로운 부모님의 품안에서 편안한 생활을 하였습니다.

막내로 태어난 저는 위의 형제들과는 나이 터울이 컸습니다. 그래서 자랄 때는 큰언니나 둘째언니, 오빠는 이미 결혼을 하여 같이 생활하지 못하였습니다. 그래서 저는 4살 차이가 나는 바로 위의 언니(강동 순복음교회 권사)와 늘 함께 놀며 자랐습니다.

할머니와 할아버지는 제가 태어나기 전에 돌아가셔서 전혀 기억이 없습니다. 어머니와 아버지는 무신론자였고 종교에 별 관심이 없으셨습니다. 우리 동네는 일 년 농사를 다 지으면 농사에 감사하고 다음 해에도 나쁜 일이 없도록 굿도 하고 그러는 마을이었는데, 우리 집만은 그런 일을 하지 않았습니다. 다만 어머니가 일 년에 한 번 대보름날 시루떡을 해서 들고 우물에 가서 비는 것이 전부였습니다.

제가 기억하는 아버지는 머리가 새하얀 할아버지 같은 모습이었습니다. 어머니가 저를 41세에 낳으셨으니까 아버지의 나이는 50이 다 되셨을 듯합니다. 늦둥이 막내딸이라서 그런지 엄하신 아버지께 한 번도 무섭게 야단맞은 기억이 없습니다. 물론 엄마한테도 맞거나 혼나지 않고 막내로 태어나서 가족의 사랑을 독차지하며 자랐습니다.

▼ 어린 시절(5-6살)　　▼ 중학생 시절(옥천여중)

초등학교 때 영특하고 똑똑해서 공부를 잘 한다는 칭찬을 많이 들었습니다. 요즘도 시골에 가서 사촌오빠들을 만나면 그 당시를 회상하는 말씀을 많이 합니다.

"재숙아, 운동회에 가면 선생님이 맨날맨날 네 이름밖에 안 부르더라."

작은 시골 마을이었으니까 달리기 선수로도 나가고 이것저것 잘했나 봅니다.

그렇게 큰집·작은집이 오순도순 한 열 가구 정도 모여 사는 아담한 동네에서 진달래도 따 먹고 개울에서 물장구 치고, 여름에는 강변에 나가서 소꿉놀이를 하며 놀았습니다. 지금처럼 조기교육이나 공부에 대한 부담이 전혀 없던 시절이어서 마음껏 자연 속에서 뛰놀 수 있었던 것이 감사합니다. 자연의 아름다움과 위대함을 눈으로 보면서 자랐기 때문인지 늘 마음이 넉넉하고 풍요로울 수 있었습니다. 또 겸손한 마음과 자연을 사랑하는 마음을 키울 수 있었습니다.

사랑이나 물질에 아무런 부족함 없는 행복한 어린 시절을 보냈기 때문에 제 성격이 늘 긍정적이고 밝은 아이로 자랄 수 있었던 것 같습니다.

아버지는 일찍 공부에 눈이 뜨셨습니다. 일본에 가서 계시다 들어오시고 하면서 머리가 깨이셨는지 그 당시에도 항상 사고가 진취적이셨습니다. 그래서 오빠도 옛날 동아대학에 진학하여 공부하셨고 지금은 목사로 교회를 섬기고 있습니다.

제가 초등학교 때는 큰언니가 구봉 광산촌에 사셨습니다. 형부가 많은 광부들을 거느리고 있는 분이었기 때문에 다른 아이들은 책을 책보에 싸 가지고 들고 다니거나 허리춤에 묶고 다녔는데, 저는 빨간 가죽 가방을 메고 다니면서 아이들의 부러움을 사곤 했습니다.

초등학교를 졸업한 후에 저는 옥천으로 가서 옥천여중에 입학하였습니다. 옥천여중은 박정희 대통령 영부인인 육영수 여사가 다닌 학교였습니다.

당시 등록금 때문에 중학교에 진학을 못하는 친구들도 더러 있었지만, 저는 학교 등록금 마련에 고생하거나 하는 어려움은 모르고 살았습니다. 우리 가정은 부자는 아니었지만 가난하지도 않았습니다. 그리고 부모님이 막내딸인 제가 부족함을 느끼지 않도록 늘 먼저 배려해 주셨습니다.

◀ 중학교 때 친구들과 함께

2. 고등학교 졸업 후 서울로 올라오다

옥 천여중을 졸업한 후에 저는 고등학교는 대전으로 가게 되었습니다.

대전에 있는 충남여고에 진학을 했는데, 우리 집은 옥천과 대전 사이에 있었기 때문에 기차로 통학을 해야 했습니다. 당시에는 기차통학을 하는 학생들이 아주 많아서 아침에 기차에는 남학생과 여학생이 정말 많이 탔습니다. 학교의 등교 시간이 거의 비슷했기 때문에 시간이 흐르면서 통학생 중에 낯익은 얼굴도 생기게 되었습니다. 실제로 기차통학을 하면서 좋은 인연을 만나 사귀는 친구도 있었고, 나중에 결혼까지 한 사람도 있었습니다.

그래서 저도 소녀다운 마음에 한껏 멋을 부리고 다녔던 것 같습니다.

그런데 학교에 갈 때면 불편한 점이 한 가지가 있었습니다. 저는 한껏 깔끔하고 예쁘게 모양을 내고 가는데, 가끔 어머니가 그 기차를 같이 타고 가야 하는 때가 있었습니다. 왜냐하면 참외

같은 농산물을 전날 큰 길가에 꼬리표를 붙여서 내어놓으면 대전에 있는 대전상회에서 트럭으로 싣고 갔습니다. 그러면 어머니는 다음날 대전상회에 가서 그 농산물을 팔고 와야 합니다. 그때 어머니는 조그만 보따리를 머리에 이고 갑니다.

'아이참, 엄마는…!'

저는 보따리를 머리에 이고 걷는 어머니가 신경이 쓰이고 마땅찮았습니다.

'나랑 가지 말고 따로 가시면 좋을 텐데….'

어머니는 막내인 나와 함께 가고 싶으셔서 서둘러 내 등교시간에 맞춰 따라나서는 길이신데 저는 그것이 좋기는커녕 부담스럽기만 했습니다. 그래서 일부러 어머니와 뚝 떨어져 가곤 했습니다. 제가 막내라서 우리 엄마가 젊은 엄마가 아닌 것도 평소에 속상하는 일이었는데, 보따리까지 머리에 인 시골 아낙네의 모습이 정말 싫었습니다.

'아무도 안 봐야 할 텐데….'

너무 불편하고 불안해서 제 표정은 뾰로통해졌습니다. 나중에 철이 들어 생각하니 어머니께 얼마나 죄송한지 말로 할 수가 없었습니다.

'세상에! 우리 엄마를 부끄러워하다니! 창피해하다니! 나는 정말 은혜를 모르는 못된 딸이었구나!'

시간이 흘러 고등학교 3학년이 되었습니다.

"넌 어느 대학에 갈 거야? 언니들이 있는 서울로 올라갈 거야?"

"으응, 글쎄…."

친구들은 대학 진학에 대해 물었지만 저는 별 구체적인 생각이 없었습니다. 제가 막내인데다가 부모님께서 다 연로하셨기 때문에 적극적으로 대학에 진학한다는 생각도 못 했고, 학구열도 그다지 강하지 않았습니다.

지금 생각하면 웃음이 나오지만 제가 고등학교 시절에 경부고속도로가 개통되었습니다. 개통식 때 박정희 대통령과 육영수 여사를 멀리서나마 뵈었던 것 같습니다.

경부고속도로를 시원스레 달리는 고속버스가 그렇게 멋져 보였고, 그 고속버스에 타고 상냥하게 손님들을 안내하던 날씬하고 세련되어 보이는 안내양들이 부러웠습니다.

그래서 학교를 졸업하면 고속버스 안내양이 되고 싶었습니다. 비행기는 눈으로 구경도 하지 못한 때라 비행기 승무원이 있는 지조차도 모를 때였고, 당시의 제 눈에는 그저 고속버스 안내양이 제일 멋있어 보였습니다.

그래서 졸업하자마자 서울에 있는 언니 집에 올라와서 취직 준비를 하기 위해 타자학원에 등록하였습니다.

타자학원에 다니고 있을 때 저는 지금의 남편을 만나게 되었습니다. 언니와 언니네 식구들이 신경을 쓰고 잘해 줘도 우리 집이 아니었기 때문에 어쩔 수 없이 조심스럽고 불편한 점은 있게 마련이었습니다. 언니 집에서 눈치 아닌 눈치를 보고 생활하고 있을 때라서 남편을 만나자 의지하는 마음이 강하게 일어났는지도 모릅니다.

남편을 본 첫인상은 키는 자그마한데 아주 이쁘고 귀여웠습니다. 얼마나 유머가 뛰어나고 재미있는지(지금은 하나도 안 웃김) 아주 친근하게 느껴졌습니다.

나이 차이가 많이 나는 남편을 저는 아저씨라고 불렀는데 나중에 남편이 될 줄이야! 서울생활에 젖어 있던 남편은 아마도 영리하다 못해 영악하게 느껴지는 서울 아가씨들이 싫었나 봅니다. 그래서인지 시골에서 갓 올라온 순진한 저를 동생같이 자상하게 대해주고 이것저것 신경을 써주었던 것 같습니다.

그저 부모님의 슬하에서 우물 안 개구리처럼 살다가 사회 속에서 만난 남편이 가족처럼 다정하게 챙겨주자 그냥 좋았던 것 같습니다(결혼해서는 너무 자상해서 남편 시집살이라고 투덜투덜).

저의 인생에 대한 꿈을 세우고 실현해 보기도 전인 어린 나이에 아무 조건도 생각지 않고 저는 결혼으로 안주하고 말았습니다.

3. 어린 나이에 결혼하다

부모님은 어린 막내가 결혼생활을 잘해 나갈 수 있을까 걱정스러워 저의 이른 결혼을 찬성하지는 않으셨습니다.

그러나 남편을 만나본 후 성실한 태도에 마음이 바뀌셨습니다. 맡겨도 괜찮겠다는 믿음이 생기셨던 것입니다.

시댁에서는 아무런 반대도 없으셨습니다. 나이가 찬 아들이 결혼을 하겠다는 것이 반가워서 선뜻 허락해주신 듯합니다.

우리는 가족과 친지의 축복을 받으며 1972년에 소박한 결혼식을 올렸습니다. 신혼살림을 용산구 한강로에서 시작했고 거기서 첫째 딸을 낳았습니다.

아기를 안고 나가면 아주머니들이 "애기가 애기를 낳았다"고 했지만 저는 곧 가정살림에 익숙해졌습니다.

첫 애가 3살 정도 되었을 때 둘째를 낳고 싶었습니다.

"하나면 족하지, 뭐."

남편은 이렇게 말했지만 제 생각은 달랐습니다.

"딸이라도 둘은 되어야죠."

부모 외에 서로 의지할 피붙이 하나는 있어야 살면서 외롭지 않을 것 같았습니다. 그래서 첫째가 4살 되던 해에 둘째를 낳았는데 딸이었습니다.

저는 아들과 딸을 구별하지 않았기 때문에 둘째 딸을 낳고 보니 얼마나 애정이 쏟아지고 이쁜지 몰랐습니다. 울어도 예쁘고, 고집을 부리고 떼를 써도 예쁘기만 하였습니다. 첫째는 철없이 낳았는데 둘째는 아마 철이 들고 엄마로서도 조금 더 성숙했나 봅니다.

그때 강남에 사는 남편 친구분이 이사를 권유해 오는 것이었습니다. 저는 살고 있는 곳에 정이 들었고 아무 불만이 없었기 때문에 이사하고 싶은 생각이 조금도 없었습니다.

그런데 갑자기 살고 있는 집의 집주인이 들어와 살겠다면서 이사를 가라는 것입니다. 당시는 아이가 둘이면 세를 잘 주지 않았기 때문에 몇 집을 보러 다니다가 마땅한 집도 없고 하여 강남 주공아파트를 보러 가게 되었습니다. 1976년도는 아파트 붐이 한참 일어났다가 잠잠해지고 있을 때였습니다.

집을 보러 다니다가 자그마한 주공아파트를 보게 되었습니다. 사시는 할머니가 집값은 오르지 않고 관리비는 나가고 하니까 파시겠다는 것입니다.

우리는 돈이 조금 부족했지만 가장 기본시설에 흥정을 하여 120만원에 사기로 했습니다. 그때 당시 우리에겐 100만원밖에 없었기 때문에 작은 방을 20만원에 세를 주고 샀습니다.

서울에서 집을 사려면 20번 정도는 이사를 해야 산다는 집을, 운좋게 이사도 다니지 않고 사게 되었습니다.

이사를 온 지 얼마 되지 않아 여의도 순복음교회에 나가게 되었고 저의 신앙생활이 시작되었습니다.

남편은 나이가 저보다 12살이 많습니다. 그런데 저를 사랑해 주고 보듬으니까 마음이 쏠렸던 것 같습니다. 부모님 슬하에서 막내로 사랑만 받고 살았기 때문에 세상물정도 모르고 남자친구도 모르고 아주 순수했습니다.

남편을 만났을 당시에 저는 결혼에 대해서 아무 구체적인 생각도 없었습니다. 우선 회사에 취직을 한 후에 사회생활도 좀 해보고 싶었습니다. 결혼은 먼 훗날 생각해도 되는 일이었습니다. 그래서 결혼에 대한 기대도 남편감에 대한 바람도 아직 없었습니다.

'이 사람이 내 남편으로서 괜찮을까? 평생을 함께 잘 살아갈 수 있을까?'

그렇게 재고 따지고 하는 어떤 잣대도 없었고, 바라는 성격이나 원하는 직장 등 이상형 같은 것도 없었습니다. 어릴 때 만난 남편이 저를 소중한 사람으로 생각해 주고 이뻐해 주니까 마음이 놓이고 좋았습니다.

지금도 저는 너무 이른 나이에 결혼한 것을 크게 후회하지는 않습니다. 다만 사회생활도 조금 해보았으면 인생의 폭이 더 넓어지지 않았을까 하는 아쉬움은 있습니다. 그러나 하나님의 예비하심으로 좋은 남편을 만난 것을 감사드립니다. 남편은 평생을 성실하고 한결같은 마음으로 가족을 아끼고 보살펴주었습니다. 남편에게도 감사한 마음이 큽니다.

◀ 젊은 시절 남편과 함께

4. 회심할 즈음의 신앙환경

제가 회심할 즈음에는 아버지의 형제분이 모여 사는 시골에서 평생을 살아오신 부모님이, 나이가 많아 농사일을 하기가 힘들게 되었습니다. 그래서 모든 것을 정리하시고 서울에 올라오시게 되었습니다.

어머니는 시골에서부터 교회를 다니기 시작하셨고, 위로 언니 셋이 모두 신앙생활을 시작하여 열심을 내고 있었습니다. 여의도순복음교회에서 한참 은혜를 받아 첫 신앙에 푹 빠져 있었던 것 같습니다.

그때 외아들인 오빠(현재 목사)가 세상에서 하는 일마다 실패하고 영화배우가 되겠다고까지 하며 방황하다가 폐병이 들어 회생 불가능한 상태였습니다.

오빠는 오산리 기도원에 가서 하나님의 은혜로 치료받고 바로 신학교에 갔습니다.

저는 교회에 다니지 않고 있었고 시어머니는 절에 열심히 다니셨습니다. 8남매 중 저는 둘째 며느리인데 아무도 교회에 나가는 사람이 없었습니다. 그래서 저는 친정식구들에게 이렇게 말하곤 했습니다.

"나는 출가외인이니까 절에 갈게."

그때는 한복을 곱게 입고 절에 가는 사람이 제 눈에는 좋아 보였습니다. 꾀죄죄한 양복을 입은 목사님은 그저 궁상스럽게만 보였고, 그 뒤를 졸졸 따라다니는 아주머니들은 좋게 보이지 않았습니다.

◀ 남편과 큰딸, 작은딸과 함께

제2장
예수님, 사랑해요

1. 여의도순복음교회에 나가다

강남으로 이사 오자마자 하나님은 저를 부르셨습니다. 하루는 아직 결혼하지 않은 언니가 교회에서 은혜받은 이야기를 내게 해주는 것이었습니다. 천국과 지옥, 성령받은 이야기 등….

"더 있다가 나이 많아 죽을 때쯤 다닐게. 천국이 있다니까…."

제 말에 언니는 진지한 표정으로 말했습니다.

"안 돼. 하루라도 빨리 가는 것이 좋아."

여의도 순복음교회 이야기였습니다. 그 당시에는 아직 텔레비전의 보급률이 낮아서 집집마다 텔레비전도 없을 때였습니다.

"아기엄마들은 비디오로 예배를 따로 봐. 아기들 때문에 예배에 방해가 되지 않도록 따로 예배드리는 장소가 있어. 거기에 2층에서 드리는 예배 실황이 똑같이 나와."

그 말에 저는 부쩍 호기심이 생겼습니다.

"아, 그럼 나도 거기 한 번 가볼게."

약속을 한 후, 하루는 시골에서 콩이랑 팥이랑 보내온 것을 가지고 와서 말했습니다.

"이제 교회에 나가야 해."

그래서 그날 따라나서게 되었습니다.

여의도순복음교회로 첫 발걸음을 옮겼던 날은 1976년 10월 셋째 주일이었습니다. 그해 날씨가 참 추웠는데, 아이 하나는 업고 하나는 걸리고 해서 여의도 순복음교회를 찾아갔습니다.

여의도 순복음교회 버스 정류장에서 내렸더니 사람들이 너도 나도 뛰어서 들어가는 모습이 보였습니다.

그래서 저도 발걸음을 재게 옮겨서 교회에 들어서는데 베들레헴 성전 앞 복도에 텔레비전 모니터가 하나 있었습니다. 그 화면에 조용기 목사님의 얼굴이 꽉 찰 만큼 클로즈업이 되어 제 눈에 들어왔습니다.

목사님의 얼굴을 보는 순간에 저는 마음이 완전히 뒤집어졌습니다.

'아니, 내가 여기를 왜 이제 왔나? 예수님을 만나러 내가 왜 이제야 왔나? 내가 학교에 다닐 때는 예수·공자·맹자를 다 배웠는데 내가 왜 예수에 대해서 관심을 안 가졌나?'

그것이 너무너무 후회스러워서 눈물이 펑펑 나는 것이었습니다.

그때 제 나이 26살이었는데 이제야 하나님 앞에 나온 것이 원통하여 속에서 몸부림을 치는 것이었습니다. 그리고 '나도 하나님 앞에 왔다'는 기쁨이 저를 뛰게 만들었습니다.

어릴 때 기억으로 사촌언니를 따라 시골 철길을 걸어 먼 곳에 있는 교회에 간 기억이 났습니다. 포도송이 그림이 있고 거기에 교회에 왔다는 표를 붙였던 기억, 나이 많은 여자 전도사님이 심방을 오셔서 그림 성경책을 보여주던 기억, 그때 성경책에는 그림이 있었는데, 마음 중앙에 십자가(예수님)가 있으면 나쁜 짐승들이 마음 밖으로 나가고, 십자가가 마음 밖으로 나가면 나쁜 짐승들이 마음에 들어온다는 이야기 등등을 들은 기억이 났습니다.

'아, 이제야 나도 하나님 앞에 왔구나!'

너무 감격스러웠습니다. 그래도 결국 하나님 앞에 왔다는 것이 너무나 기뻤습니다. 회개와 기쁨 때문에 눈물을 주체할 수 없었습니다.

그날 설교는 일본 목사님이 하시고 조용기 목사님이 통역을 하셨습니다. 무슨 내용인지는 모르는데 그분이 하신 말씀 중에 이 말씀이 기억에 남았습니다.

"목사님이 선교여행을 오시면 자녀들의 선물 걱정을 합니다. 왜 그럴까요? 자녀들이 예쁘기 때문이지요. 부모는 사랑하는 예쁜 자녀를 위해 무엇을 사줄까, 어떤 좋은 것으로 줄까… 고민을 하는 것입니다."

그 말씀을 들으며 제가 느낀 것이 있었습니다.

'아, 하나님은 우리 아버지시구나. 우리 하나님께 예쁘게 보이면 아버지이신 하나님은 자녀인 내게 무엇을 더 주실까를 고

민하시는 분이구나. 그럼 하나님께 예쁘게만 보이면 되겠구나.'

그날 저는 굳게 결심을 하였습니다.

'하나님 아버지께 마음에 결심이 온 것이 그렇다면 하나님 앞에 무조건 순종을 하자. 말을 잘 듣는 자녀가 가장 예쁘니까….'

부모는 자녀가 말을 잘 들어야 가장 예쁜 것입니다.

'그리고 문제가 생기기 전에 기도를 하자. 은행에도 저축을 해 놓아야 급할 때 즉시 당황하지 않고 바로 빼서 쓸 수 있듯이 기도를 쌓아 놓자.'

이런 결심을 굳게 하였습니다.

첫날 구경한다고 교회에 갔던 그 순간부터 저는 완전히 하나님의 사랑에 빠졌습니다. 이제 '나도 교회에 다닌다'는 것을 세상에 외치고 싶었습니다.

그날부터 저는 물을 만난 고기처럼 하나님께 미쳤습니다.

❊ 1977년 1월 12일 수요일의 단상

내 나이 이제 26살.

'20년이 넘도록 살아오면서 과연 나는 무엇을 향하여 걸어왔으며, 결코 후회됨이 없는 삶을 살아왔는가?'

생각하니 서글프다.

내가 좀 더 일찍 하나님을 알았더라면 좀 더 알차고 후회 없는 삶을 살았을 텐데….

이제나마 내가 주님의 뜻을 알았고, 또한 하나님께서 친히 나를 죄악 속에서 택해 주셨으니 고맙고 감사한 마음 금할 길이 없다.

이제 나의 삶을 하나님께 의지하고 모든 것을 우리 주님의 뜻에 맡기고 살아야겠다.

오늘도 추운 날씨에도 즐거운 마음으로 주님을 찾았다.

아버지 하나님, 감사합니다.

오늘도 아버지 하나님의 축복 속에 무사히 하루가 지났습니다. 할렐루야!

시

주님 마음 닮게

— 1977. 7. 18

주여!
주님의 마음을 닮게 하여 주소서
주님의 마음과 같게 하여 주소서
주님의 사랑을 베풀 수 있게 하여 주소서
원수를 사랑하라 하신 주님이시여
주님의 그 넓으신 마음을
제가 간직할 수 있게 하여 주소서.

2. 끝없이 쏟아지는 감격의 눈물

그날 순복음교회에 다녀온 이후, 저는 조금 과장한다면 하나님께 완전히 미쳐 버렸습니다. 성경을 보고 말씀을 듣는 것이 크나큰 기쁨이었습니다. 그래서 찬송을 부르려고 입만 벌리면 눈물이 펑펑 쏟아지는 것입니다.

교회에 나간다는 것을 자랑하고 싶어서 저는 성경책도 남이 보이도록 들고 다니고 싶었습니다. 가방 속에 넣고 다니는 게 아니라 손에 들고 다녔습니다.

그다음부터 예배를 드리려고 하면 그렇게 감격의 눈물이 쏟아졌습니다.

하루는 제가 빨래를 하고 있는데 벨이 울리는 것이었습니다. 문을 열기 전에 물었습니다.

"누구세요?"

"네, 자매님. 순복음교회 구역장입니다."

순복음교회의 구역장이라는 말에 너무나 반가워 반색을 하며 문을 열었습니다.

"금요일날 구역예배를 드리니까 오세요."

그 말에 얼마나 기쁘던지요! 덩실덩실 춤을 추고 싶을 정도였습니다.

"네, 그럴게요."

저는 그 주일부터 구역예배를 나갔습니다.

구역예배를 한 세 번 정도 드렸을 때 성령기도회를 한다고 해서 갔습니다. 성령이 무엇인지도 모를 때였습니다. 외부에서 오신 목사님(허드슨 외국 목사)이 안수를 하시는데 그때 '랄랄라 따따다따' 성령을 받게 되었습니다.

그날 저녁에 기도를 받느라 조금 늦게 집에 갔습니다. 남편은 처음에 교회에 다니겠다고 하니까 가라고 했었습니다. 그런데 늦게 집에 갔더니 남편이 먼저 퇴근해 있었습니다.

화가 머리 끝까지 난 남편은 마치 저를 때릴 기세였습니다.

'안 되겠다. 일단 피해야지.'

저는 얼른 남편을 피해서 집에서 나갔습니다. 구역장인 권사님 댁에 가서 피해 있다가 어느 정도 남편의 화가 풀리기까지 기다렸다 집에 들어갔습니다.

그때부터 남편의 눈치를 보는 신앙생활이 시작되었습니다. 방언을 받은 날부터 저는 열심히 방언으로 기도했습니다. 남편이 출근하면 바로 '오늘의 만나', 후에는 이름이 바뀐 가정예배용 '오늘의 양식'을 펼쳐놓고 매일 한 시간씩 방언기도를 했습니다. 이 기도생활은 현재에까지도 이어지고 있습니다.

새벽이면 살그머니 빠져 나가서 집 가까운 곳에 있는 교회에서 새벽기도를 드렸습니다.

참으로 지금 생각하면 성령님의 인도하심과 도우심과 지혜로 이끌어 주심에 너무도 감사합니다.

그때부터 하나님께 십일조를 드렸고, 새벽기도와 철야기도, 그리고 가정예배를 빠뜨리지 않았습니다. 또 교회에서 마련하는 성경학교나 성경대학에도 등록해 배우는 것을 게을리 하지 않았습니다.

들 꽃

— 1993. 3. 23

나는 꽃을 좋아한다
그중에서도 생화를 좋아한다
생화 중에서도 들꽃을 좋아한다

조화가 아무리 아름답다 해도
생명이 없으니 매력이 없다
그래서 나는 집 안에 조화를 장식하지 않는다

내가 꽃 중에서도 들꽃을 좋아하는 것은
겉으로 화려하지는 않지만
보면 볼수록 그 하나하나의
색깔과 모습이 너무도 아름답다

억센 잡초를 헤치고 자기의 멋스런 개성을
드러내고 있는 모습
보아주는 사람이 있든 없든 자기의 자태를
자랑스럽게 드러내고 있다

나도 하나님의 종으로서
들꽃과 같은 모습이 되기를 원한다.

누가 알아주든지 알아주지 않든지
하나님께서 내게 맡겨주신 일을
말없이 묵묵히 행하기를 원한다

맡은 일에 튀지도 처지지도 않고
오직 주님이 맡긴 일에 충성되며
성실하고 정직한 종이 되길 원한다

세상의 명예보다
하나님께 인정받는 길을 택하고
주님 때문에 받는 괴로움이라면
즐거움으로 생각하며 살고자 한다.

3.
억만금을 준다 해도
바꾸지 않아요

저의 신앙생활은 행복으로 시작했습니다. 주님을 만나러 교회에 갈 때면 세상 그 무엇과도 바꿀 수 없는 깊은 행복감을 느꼈습니다.

'하나님, 저는 억만금을 준다고 해도 하나님과 바꾸지 않아요. 주님을 만나러 가는 일만큼 행복한 일은 없으니까요.'

이런 감사의 고백을 날마다 드리면서 신앙생활을 해 나갔습니다. 그때부터 새벽예배와 구역예배를 빠지지 않고 드렸습니다. 누가 하라고 하거나 하는 사람이 없었지만 예배하는 것이 제게 무한한 즐거움을 주었습니다.

저는 구역장님의 말이라면 하나님의 말씀이라고 생각하고 순종하고 말을 잘 들었습니다. 주의 종의 말은 다 하나님의 말씀이라 생각하고 순종했습니다.

당시 우리 집에서 여의도 순복음교회에 가기가 굉장히 힘들었습니다. 그때는 남영동에 가서 내려서 길을 건너고 굴다리를 지나서 버스를 갈아타고 가야만 했습니다. 그런데 너무 사모하는 마음이 강해서 주일만 나가는 것이 아니라 화요 성령 대망회도 열심히 다녔습니다. 기도도 많이 하고 뜨거웠기 때문에 주일보다도 더 은혜로웠습니다.

그때는 남편이 주일날도 출근하는 날이 많았습니다. 남편은 출근하면서 꼭 하는 말이 있었습니다.

"오늘은 집에 그냥 있어. 추우니까 애들 데리고 나가지 마."

"알았어요."

대답을 해놓고 바로 남편 나가자마자 하나는 업고 걸리고 해서 교회로 나가는 것입니다. 정말 착한 거짓말을 많이도 했습니다.

여의도에 가기가 그렇게 멀고 어려운데 제 마음에는 금방 씅~ 날아갔다 온 것 같은 기분이었습니다.

그렇게 신앙생활이 시작되면서 하나님께서 많은 축복을 주셨습니다.

나의 아버지, 나의 하나님

– 1993. 10. 9

나의 은밀한 마음을 가장 잘 아시는
나의 아버지, 나의 하나님

나보다 더 나를 잘 아시는
나의 아버지, 나의 하나님

언제 불러 보아도 가슴이 찡하게 다가오시는
나의 아버지, 나의 하나님

나의 눈에 가장 많은 눈물을 흘리게 하시는
나의 아버지, 나의 하나님

낙심될 때 더욱 가까이 오시는
나의 아버지, 나의 하나님

내가 외로움과 좌절의 늪에서 허우적거릴 때
나의 손을 잡아 일으키시는
나의 아버지, 나의 하나님

왜 이리도 아버지 앞에서는
한없이 작아지고 싶고
한없이 어린아이고 싶은지
나의 어리광을 어찌 그리도
잘 받아 주시는지요

나의 허물까지도 사랑하고 어여삐 보시는
나의 아버지, 나의 하나님

아버지, 나는 언제까지 아버지 앞에
어린아이여야 하는지요
언제까지 눈물 흘리며 어리광을 부려야 하는지요

아버지, 나는 언제까지라도 좋아요
언제까지라도 언제까지라도
아버지 앞에서는 어린아이고 싶으니까요

내가 주를 위해 무엇인가 하겠다고
끙끙대며 용트림을 할 때
아버지는 아이의 재롱을 보며 웃으시듯
나를 보며 웃으시겠지요

"이 사랑스럽고 대견스런 나의 딸아" 하시면서 말입니다

아버지, 제가 나그네 된 이 세상을 떠나
아버지 품에 안길 때 꼭 듣고 싶은 말 한 마디
"수고했다. 착하고 충성된 나의 종아,
이제 나와 함께 먹고 마시며 영원히 안식하자."
이 한 마디뿐이랍니다.

4. 빨간 가방 구역장

당시의 시댁은 불교를 믿는 가정이었습니다. 시어머니는 절에 다니시고 시댁 식구들 중에 교회에 다니는 사람이 단 한 사람도 없었습니다.

"어머니께는 교회에 다니는 것을 말하지 마."

남편은 제게 이렇게 당부했습니다.

아무리 기분이 좋을 때도 예수님 이야기만 하면 분위기가 깨지는 그런 상황이 되었습니다. 성경책도 안 보이게 해야 했습니다. 성경책이 몇 번이나 쓰레기통에 들어가고, 구역장 가방도 몇 번이나 쓰레기통에 던져졌는지 모릅니다.

남편의 기분이 좋지 않을 때면 교회를 걸고 트집을 잡기 일쑤였습니다. 생활비가 좀 빠듯하게 느껴진다 싶으면 단박에 그 말이 터져 나왔습니다.

"돈을 교회에 다 갖다 주는 거야, 뭐야? 얼마씩 헌금하는 거야?" 하고 남편이 물으면 "100원씩 해요." 하고 대답했습니다.

누구를 들어 화풀이를 할 대상이 없으니까, 그래도 이름을 아는 조용기 목사님의 욕도 많이 하고, 누구랑 그렇게 몰려 다니냐고 다그치면 저는 할 말이 없었습니다.

남편이 저를 몰아세울 때면 한 마디도 대꾸하지 않고 속으로 방언기도를 열심히 했습니다. 방언으로 기도하다 보면 남편이 스스로 지쳐서 그냥 사그라지는 경우가 많았습니다. 방언기도를 통한 성령님의 도우심이 있었습니다.

그래도 몽둥이로 때리지 않은 것이 다행이었습니다. 화가 나서 옷을 잡아당겨서 옷이 다 찢어진 적도 있었습니다. 그런데 남편이 펄펄 뛸 때면 제게 어디서 그런 힘이 나오는지, 남편을 진정시킬 힘이 나는 것이었습니다.

화를 내고 나서 조금 시간이 지나고 나면 남편은 자기가 왜 그랬나 싶은가 봅니다. 슬그머니 찢어진 옷을 다시 사 주곤 합니다. 그러면 저는 그에 대한 이야기는 한 마디도 하지 않습니다. 왜 옷을 찢었느냐, 왜 그렇게 화를 냈느냐고 따질 필요가 없었습니다. 그 이유는 자기 마음이 아니라는 것을 알기 때문입니다.

제가 하나님을 기쁘게 해드릴 때 하나님은 저를 기쁘게 해주셨습니다. 제가 하나님의 일을 할 때 하나님은 제 가정의 일을 하셨습니다(시 1:1-6).

"복 있는 사람은 악인들의 꾀를 따르지 아니하며 죄인들의 길에 서지 아니하며 오만한 자들의 자리에 앉지 아니하고 오직 여호와의 율법을 즐거워하여 그의 율법을 주야로 묵상하는도다 그는 시냇가에 심은 나무가 철을 따라 열매를 맺으며 그 잎사귀가 마르지 아니함 같으니 그가 하는 모든 일이 다 형통하리로다 악인들은 그렇지 아니함이여 오직 바람에 나는 겨와 같도다 그러므로 악인들은 심판을 견디지 못하며 죄인들이 의인들의 모임에 들지 못하리로다 무릇 의인들의 길은 여호와께서 인정하시나 악인들의 길은 망하리로다"(시 1:1-6).

저는 늘 이 말씀을 입에 달고 살았습니다.

▼ 1977년 2월 어느 날의 기도

5.
구역장이 되다

19 76년에 교회에 나간 이후부터 저는 구역활동에 열심히 참석하였습니다. 제 나이가 어렸기 때문에 우리 구역 식구들은 다 나이가 저보다 많았습니다.

그런데 1978년 어느 날, 구역장을 다시 세운다면서 저에게 구역장을 하라는 것입니다. 저는 교회에 나온 지도 얼마 안 되고 아이 둘을 데리고 다니고 남편의 눈치도 보며 다녀야 하는 때라서 선뜻 하겠다는 말이 나오지 않았습니다.

그러나 안하겠다는 말은 하지 않고 집으로 와서 멘토인 권사님께 전화를 했더니 순종하라는 것입니다. 그래서 순종하고 구역장 가방을 들게 되었습니다.

빨간 구역장 가방을 받는 순간, 저는 하나님께 말씀드렸습니다.

"하나님 아버지! 세상에서도 직장에 들어가면 그 직장에서 월급을 줍니다. 저는 하나님 복음 사업장에 들어왔으니 이제 이후부터 저는 세상에서 돈 버는 일은 하지 않겠습니다. 이제 하나님께서 저에게 월급을 주시되 남편을 통하여 필요한 모든 것을 채워주세요."

그런데 구역장이 되고 보니 제가 보살피고 해야 할 일이 이만 저만 많은 것이 아니었습니다. 그리고 남편의 핍박은 더욱 심해졌습니다.

그럴 때 하나님은 저에게 야고보서 말씀을 주셨습니다.

"내 형제들아 너희가 여러 가지 시험을 당하거든 온전히 기쁘게 여기라 이는 너희 믿음의 시련이 인내를 만들어 내는 줄 너희가 앎이라 인내를 온전히 이루라 이는 너희로 온전하고 구비하여 조금도 부족함이 없게 하려 함이라"(약 1:2-4).

말씀을 읽고 나서 저는 또 울며 고백합니다.
'하나님! 제가 무엇이기에 사용해 주시고, 또 이렇듯 부족함이 없는 자로 만드십니까?'

✤ 1977년 6월 6일의 기도

할렐루야.
아버지 하나님께 감사드립니다.
지극히 높은 곳에서 우리를 지켜주시고
우리가 고통에 처할 때 함께 괴로워하시고,

위로하여 주시는 아버지, 감사합니다.
고통의 밤이 아무리 길지라도,
남편의 핍박이 아무리 심할지라도
밤이 지나면 태양이 떠오르듯이
우리 주님, 십자가의 승리로 우리가 승리하니
할렐루야, 감사합니다.
아버지, 밤이 아무리 깊고 지루할지라도
아침은 밝아온다 하였습니다.

아버지, 두려워하지 않습니다.
절망하지 않습니다.
남편의 핍박이 심하면 심할수록
그 뒤에 다가올 축복을 기다리며
인내로써 기쁘게 여기옵니다. 아멘.

"여호와는 네게 복을 주시고 너를 지키시기를 원하며 여호와는 그의 얼굴을 네게 비추사 은혜 베푸시기를 원하며 여호와는 그 얼굴을 네게로 향하여 드사 평강 주시기를 원하노라 할지니라 하라"(민 6:24-26).

❄ 1978년 1월 10일 화요일의 기도

갈 길을 밝히 보이시는 주님,

저의 갈 길을 밝히 보여주시옵소서.

주님, 저를 위로하시고 제가 사망의 음침한 골짜기를 헤매고 있을지라도 항상 같이하여 주시고, 지켜주시는 주님이시여, 감사합니다.

이같이 큰일을 당하였을 때 저의 능력과 저의 지혜로서는 할 수 없나이다. 오직 주님만이 모든 일을 하실 수 있사오니 주의 능력만 나타나게 하시옵소서.

사랑이 크면 클수록 비례하여 그에 대한 실망도 큰 것인가 봅니다. 주님을 사랑한다 하면서 실제로는 남편을 더 사랑한 것 용서하옵소서.

❄ 1978년 5월 9일

어제는 어머니날.

우리 지현이가 꽃을 달아주는데 어찌나 대견스럽고 고마운지 가슴이 뭉클했다. 아무쪼록 우리 지현이와 휘현이가 티없이 무럭무럭 자라주기만 빈다.

주여!

자식은 주님께서 주신 기업이라 하셨사오니 사랑으로, 하나님의 지혜로 잘 기르게 하여 주시옵소서.

우리 지현이와 휘현이로 만족할 수 있게 하여 주시옵소서.

요즘 며칠 새벽기도를 나갔다. 새벽 잠자리에서 빠져 나가기가 어찌나 남편한테 미안한지 모르겠다.

모든 것이 남편을 위함이요, 가정을 위함이지만 남편이 이해를 하지 못하니 가슴이 아프다.

언제나 남편과 함께 나란히 주님 앞에 가게 될까?

그날이 빨리 오기를 오늘도 빌고 또 빈다.

▼ 아동 구역장 세미나 과정 수료증(1978년)

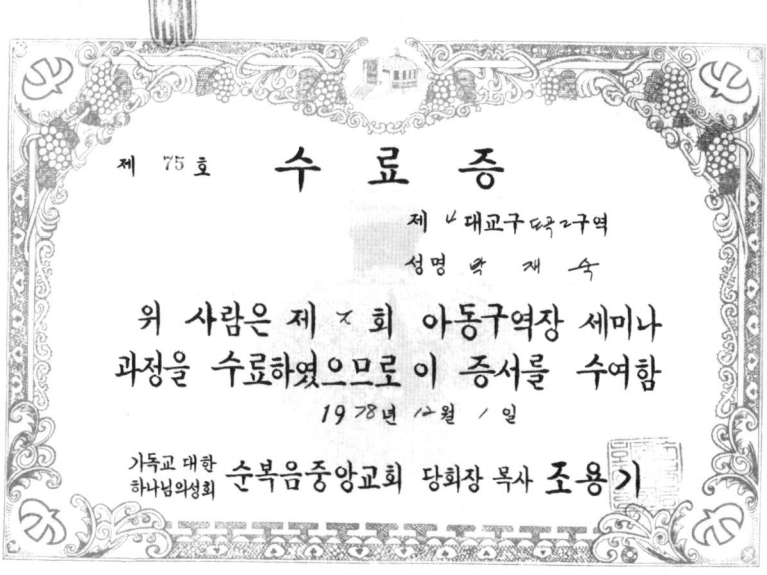

▼ 침례증(1978년)

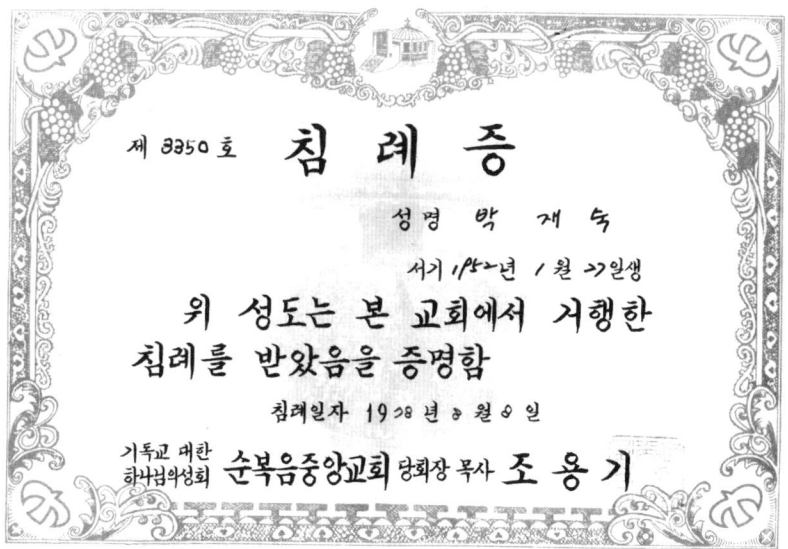

▼ 제6회 구역장 세미나 과정 수료증(1978년)

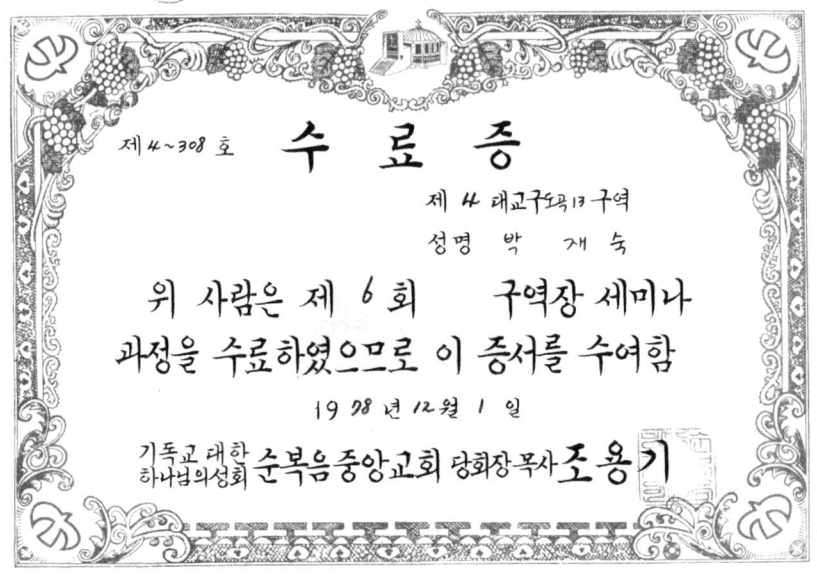

▼ 구역장 세미나 과정 수료증(1979년)

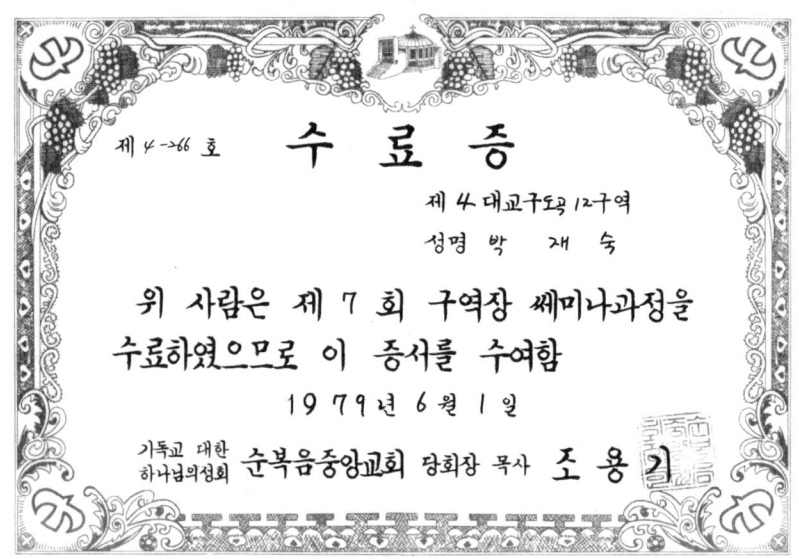

▼ 제8회 구역장 세미나 과정 수료증(1979년)

▼ 순복음 평신도 성경학교 수료증(1979년)

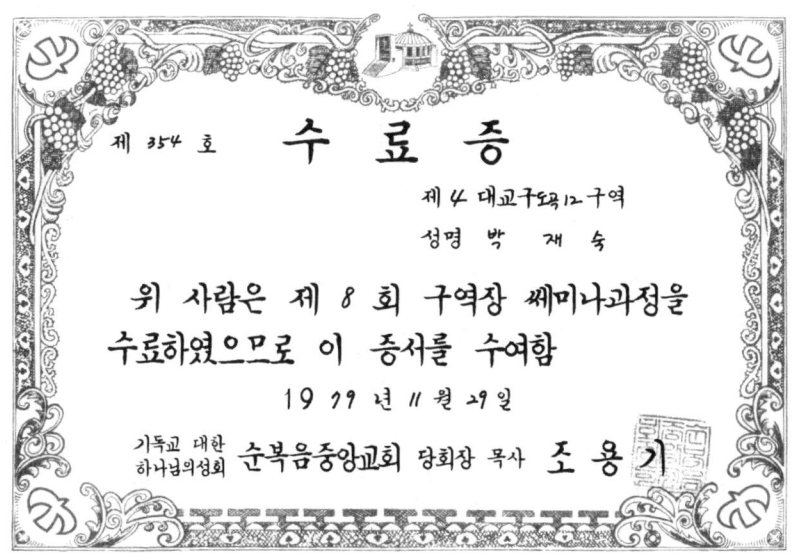

제2장 예수님, 사랑해요

▼ 제10회 구역장 세미나 과정 수료증 (1980년)

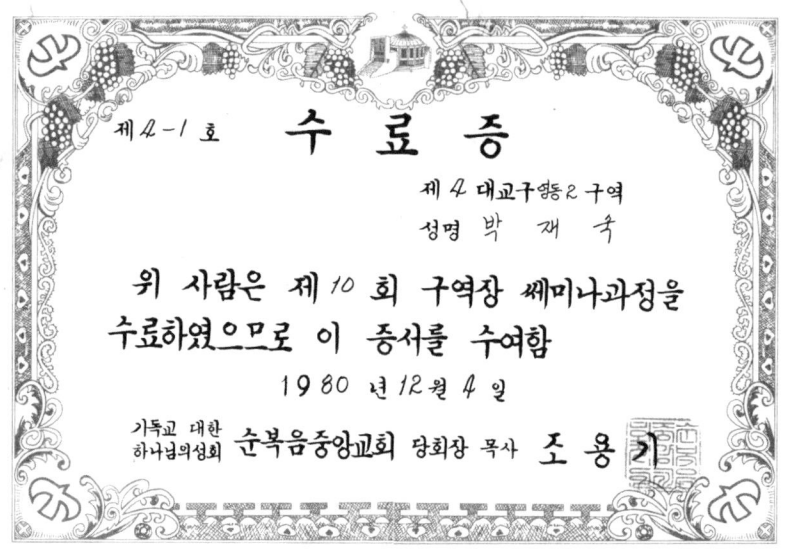

▼ 서리집사 임명장 ((1982년)

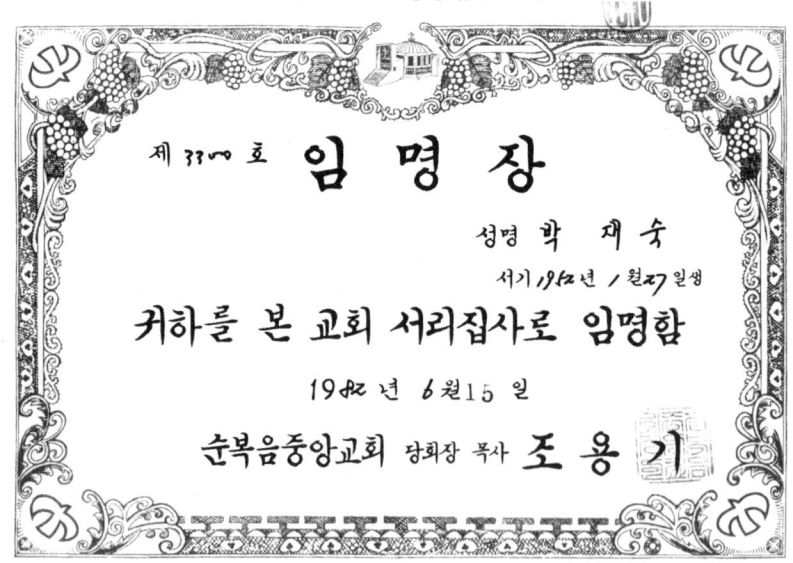

6. 구역식구 백혈병 간증

저는 1978년부터 구역장으로 구역식구들을 섬겼습니다. 그런데 우리 구역식구 중에 백혈병에 걸린 자매님이 있었습니다.

백혈병이라는 게 적혈구 수치가 떨어지면 금세 쓰러져 정신을 잃게 됩니다. 수혈을 하고 오면 생기가 나고 며칠이 지나면 또 의식이 가물가물해지는 것입니다.

하루는 또 의식을 잃어 남편이 정신없이 업고 병원에 달려가는 것입니다. 상태가 아주 좋지 않았습니다. 현대의학이 크게 발달했지만 아직도 어쩔 수 없는 질병이 많이 있다는 것을 알게 되어 구역장으로서 너무나 안타까웠습니다. 할 수 있는 데까지 기도로 중보하는 중이었는데 하루는 이렇게 말했습니다.

"구역장님, 조용기 목사님 안수를 한 번 받으면 소원이 없겠어요."

지금도 그렇지만 그 당시 1980년대에는 조용기 목사님 안수를 받는 것은 너무 어려웠습니다. 받기를 원하는 사람들이 많아서 몇 단계를 거쳐도 어려웠습니다.

'어떻게 하지? 저렇게 소원하는데…. 목사님을 만날 수 있는 무슨 방법이 없을까?'

생각하다가 제가 편지를 써서 비서실에다가 넣었습니다. 단계를 거쳐야 한다는 것은 알지만 상황이 너무 급박하고 절실해서 모든 단계를 건너뛰어 직접 편지를 비서실에 갖다 준 것입니다. 제 마음은 오로지 구역장으로서 어떤 일이라도 해봐야겠다는 일념뿐이었고, 하나님께서 도와주실 것이라는 믿음이 있었습니다.

구역장으로서 책임을 다해야 한다는 마음이었지만 이성적으로 생각해 볼 때, 사실 기대할 수 없는 일이었습니다. 교회가 크기 때문에 시각을 다투는 아픈 사람만 해도 셀 수 없을 만큼 많았기 때문입니다.

그런데 놀라운 일이 일어났습니다. 기도 응답이 임한 것입니다.

제가 집에 없을 때 조용기 목사님이 저를 찾으셨는데 없으니까 우리 조의 조장님을 모시고 그분이 입원해 있는 시립병원을 방문하신 것입니다.

조용기 목사님이 일개 구역장의 편지 한 장을 받고 시립병원까지 직접 와주셨다는 것이 믿어지지 않았습니다. 마음이 울컥할 만큼 감격스럽고 기뻤습니다.

조용기 목사님이 병실에 찾아가셔서 그분의 손을 잡고 기도를 해주셨는데 그 순간 그분의 백혈병이 깨끗이 나았습니다.

조용기 목사님은 다녀가시면서 그에게 당부 말씀을 하셨습니다.

"오늘 기도를 받았지만 마음을 놓으면 안 됩니다. 이제 기도원을 가든지 특별기도를 하도록 하세요. 그리고 구역장님과 일주일 동안 제 사무실에 와서 기도를 받으세요."

너무나 감격스러웠습니다.

저는 환자와 어린 둘째 딸을 데리고 일주일 동안 매일 조 목사님의 안수를 받으러 다녔습니다. 하루는 목사님께서 제 둘째 딸에게도 간절히 기도를 해 주셨습니다. 그 딸은 현재 미국에서 천문우주학 박사로 활동하고 있습니다.

조 목사님의 기도를 받은 환자는 병이 나으니까 기도원에 가는 것도 순종치 않고 기도도 소홀히 하며 먹고 싶은 음식을 마구 먹는 것이었습니다. 식욕을 참지 못하고 그 동안 먹지 못했던 것까지 다 먹으면서 관리를 소홀히 했습니다.

그러자 안타깝게도 얼마 뒤에 다시 재발이 되고 말았습니다.

'다시 목사님께 기도를 요청할 수도 없고….'

저는 안타까운 마음으로 기도만 할 뿐이었습니다.

그런데 제가 수요예배 때 어린이 공과공부를 하고 선교센터에서 나오다가 복도에서 나오시는 조용기 목사님을 만나게 되었습니다. 목사님은 저를 알아보시고,

"그 백혈병 환자분 어떠세요?"

하고 물으셨습니다.

"네, 죄송한데요, 그분이 다시 재발했습니다."

목사님의 표정이 어두워지시더니 제게 말씀하셨습니다.

"그럼 다시 기도 받으러 데리고 오세요. 제 사무실로 함께 오세요."

얼마나 감사했던지요!

그날부터 저는 조용기 목사님의 사무실로 그분을 데리고 일주일 정도를 계속 기도를 받으러 다녔습니다. 그러다가 제 편에서 중단을 했습니다.

'이게 한없이 다녀서 될 일이 아니다. 본인의 믿음이 되어야지.'

목사님이 기도원에 가서 기도를 더 하고 믿음을 지키라고 했는데 그것을 지키지 못했으니 면목이 없었습니다. 일주일을 환자분을 데리고 다니다 중단을 했지만, 그때 저는 조용기 목사님을 가까이 뵙고 은혜를 받았습니다.

7. 머리를 잘리다

제가 구역장이 되어 교회에 너무 열중하게 되자 남편이 드러내놓고 싫어하였습니다. 날이 갈수록 남편의 핍박의 정도는 심해지기만 했습니다.

"어디 교회에 가기만 해. 다 불을 질러 버릴 줄 알아!"

저는 겁이 나서 남편을 말렸습니다. 그러나 아무리 겁을 줘도 제가 계속 교회에 가자 다시 윽박질렀습니다.

"밖에도 못 나가게 머리를 잘라 버릴 거야."

남편은 교회가 싫다기보다 교회 일로 밖으로 도는 것이 싫은 것입니다. 그런데 하도 여러 번 그런 일이 반복되니까 두려운 마음도 점점 사라지는 것이었습니다. 하도 시달리니까 이제 면역이 된 것이었습니다.

'자를 테면 자르지. 내가 머리를 자른다고 안 나갈 줄 알아?'

이런 오기가 생기는 것이었습니다. 충분히 피할 수도 있었는데 굳이 피하지 않았던 것입니다.

남편은 제 앞머리를 뭉텅뭉텅 잘랐습니다.

우리 큰아이가 유치원에 다닐 때였는데, 사진을 보면 잘린 머리를 감추느라고 머리에 모자를 쓰고 있습니다. 여의도교회의 전도사님들이 쓰는 모자와 비슷한 모양의 모자를 둘러쓰고 사진 찍은 사진이 그나마 남아 있습니다.

그러나 머리를 잘려도 저의 마음은 변하지 않았습니다. 일편단심 하나님 아버지를 향한 사랑과 교회에 대한 간절함은 조금도 줄어들지 않았습니다. 남편의 말대로 저는 하나님께 미친, 정말 못 말리는 사람이었습니다.

◀ 머리 잘리고
딸의 유치원 소풍에서

머리를 잘렸을 때 사람들은 안타까워했지만 저는 아무렇지도 않았습니다. 주의 종들이 저를 불쌍히 보시고 조용기 목사님을 뵙게 해주셨습니다. 목사님을 뵙게 되자 한마디 말도 못하고 울기만 했습니다. 그 모습이 안타까웠던지 목사님은 간절히 기도를 해 주셨습니다. 그리고 그해 구역장 세미나 때 저에 대한 간증을 하시는 것입니다. 저는 머리를 잘렸다는 이야기가 나올 때마다 남편에게 몹시 미안한 생각이 듭니다. 제가 피할 수도 있었는데 평생 남편 욕을 먹인다는 생각이 듭니다.

그러한 사건이 한 차례씩 지나갈 때마다 남편은 말은 안해도 조금씩 포기를 하는 것 같았습니다. 사실 저는 교회에 나가는 날부터 기도제목이 남편의 구원이었습니다. 그것도 아주 간절히. 그러면서 금방 이루어질 것 같은 생각이 들었습니다.

그런데 하나님도 제가 원하는 것은 잘도 들어주시는 것 같은데 남편 구원만은 잠잠히 계시는 것 같았습니다.

그때 저는 시편 23장 1-6절을 고백하곤 했습니다.

"여호와는 나의 목자시니 내게 부족함이 없으리로다 그가 나를 푸른 풀밭에 누이시며 쉴 만한 물 가로 인도하시는도다 내 영혼을 소생시키시고 자기 이름을 위하여 의의 길로 인도하시는도다 내가 사망의 음침한 골짜기로 다닐지라도 해를 두려워하지 않을 것은 주께서 나와 함께 하심이라 주의 지팡이와 막대기가 나를 안위하시나이다 주께서 내 원수의 목전에서 내게 상을 차려 주시고 기름을 내 머리에 부으셨으니 내 잔이 넘치나이다 내 평생에 선하심과 인자하심이 반드시 나를 따르리니 내가 여호와의 집에 영원히 살리로다"(시 23:1-6).

그리하여 핍박을 감격으로 받아들였습니다. 원수의 목전에서 상을 베푸시는 하나님께서 승리케 하심을 믿었습니다.

그래서 하나님께 이런 고백을 드렸습니다.

"아버지, '주 예수를 믿으라. 그리하면 너와 네 집이 구원을 얻으리라.'고 하셨으니, 남편 구원은 확신합니다. 그러나 그 시기가 늦어져서 평생 믿지 않고 죽을 때 영접한다 하여도 저는 감사합니다."

❋ 1979년 3월 14일의 일기

주님, 저를 위해 싸우시고 저를 위로하시는 주 하나님께 감사드립니다.

남편을 미워할 수 없고 원망할 수 없는….

어찌하여 하나님의 사랑을 깨닫지 못하고, 마귀의 종이 되어 끌려 다니는지 안타깝기만 합니다.

잘려져 나간 머리를 바라보면서 주님 앞에 기도합니다. 저의 머리를 바라보는 남편의 마음은 더더욱 아플 줄 압니다.

하오니 그 아들을 불쌍히 여기사, 주님 앞에 통곡하며 회개하게 하여 주옵소서.

그 마음속에 역사하는 악령의 세력을 다 멸하여 주옵소서. 주님 앞에 일꾼 되게 하옵소서. 아멘.

할렐루야.

항상 이 가정을 지키시고 축복해 주시는 내 아버지 하나님, 감사합니다. 주님 말씀에 나의 기뻐하는 금식은 흉악의 결박을 풀어주며 멍에의 줄을 끊어주며 압제당하는 자를 자유케 하신다고 말씀하셨습니다.

그 말씀이 이 가정에 이루어짐을 믿고 감사드립니다.

저의 5일 금식을 통하여서 우리 주님, 축복해 주심을 감사합니다. 이제 남편도 교회 가는 것을 허락했사오니 머지않아 같이 주님 앞에 나란히 앉아 예배드리게 될 것을 믿습니다.

이제 더욱 가정과 남편을 위해 충실한 주부가 될 것을 다짐합니다.

❈ 1979년 5월 13일 주일 밤

할렐루야.

오늘도 주일을 복되고 거룩하게 보내게 해주신 하나님께 감사드립니다.

아버지 하나님, 오늘부터 남편의 구원을 놓고 금식하기로 마음먹었어요.

5일간 작정하였사오니 무사히 마칠 수 있도록 도와주세요. 저에게 힘을 주세요.

먹지 않아도 배부르게 하여 주시고 먹고 싶은 마음 조금도 들지 않게 하여 주세요.

주님께서 저를 위하여 십자가의 고난을 받으셨사오니 저는 남편과 시댁 식구들을 위하여 제가 받아야 할 고통이라면 달게 받겠나이다.

하지만 우리의 고통과 죄를 이미 예수님께서 담당하셨사오니 우리가 십자가의 고난을 받지 않습니다. 이 밤도 두 손 모아 남편을 위해 기도합니다.

❊ 1979년 5월 15일 화요일

주님, 오늘도 지켜 주시옵고 축복하여 주신 은혜 감사합니다. 오늘은 금식 3일째입니다.

무척이나 힘이 들지만 우리 주님 지켜 주시오니 오늘도 주의 능력으로 힘들이지 않고 무사히 금식을 했습니다.

제 힘으로는 한 끼도 금식할 수 없사오나 우리 주님 능력 주시오니 벌써 3일이 되었습니다.

주님께서 저에게 금식을 시키시오니 주님의 깊으신 뜻이 있을 줄 믿습니다. 이번 금식을 통하여서 저의 남편 주님 앞에 회개하고, 아버지 하나님의 품에 안길 줄 믿습니다.

　이제 저의 남편이 저보다 몇 배로 더 충성하고 열심히 섬길 것을 확신합니다.

　오늘도 주님께서 함께하시어서 복되고 즐거운 이 가정 되게 하여 주심을 감사드립니다. 할렐루야.

❈ 1979년 5월 17일 주일 새벽

할렐루야.
오늘도 같이하시고 보살펴주시는 하나님께 감사드립니다.
　오늘은 성전에 가지 못하고 야외로 가오니 주여, 긍휼을 베푸사 오늘도 지켜주옵소서.
　하나님 아버지, 어제는 정말 우울했어요. 친구의 편지를 받고 너무도 속이 상하고 괴로웠습니다.
　제가 남편에게 어떠한 핍박을 받고 고통을 받든 나 혼자만이 참고 견디기를 원했습니다. 남편이 저에게 어떠한 고통과 괴로움을 준다 할지라도 저는 조금도 남편을 원망하거나 미워하지 않아요.
　헌데 남들은 그렇게 봐주지 않고 저를 동정합니다.
　아버지, 제 힘으로 정말 어찌 합니까.

오직 하나님만이 저의 남편을 주 앞에 회개케 할 수 있나이다.

남들은 남편 마음 하나 움직이지 못한다느니, 혹 누구는 고등학교까지 나오고도 남편 하나 받들지 못해 머리까지 잘리냐느니, 그 같은 말을 들을 때면 정말이지 저의 가슴은 찢어지는 듯 아프고 괴롭습니다.

주님, 언제나 정말 주 앞에 엎드려 회개할까요. 그날을 손꼽아 기다립니다.

저는 분명히 믿습니다.

주 앞에 남편의 마음이 깨어지기만 하면 저보다 열심히 주를 섬길 것을요.

주 앞에 나가는 날부터 남편의 인생관이 바뀌어질 것을 믿습니다. 그날을 바라봅니다. 마음속에 그려 봅니다.

주여, 감사합니다.

🌸 1979년 9월 2일 주일

오늘은 성찬예배를 은혜 가운데 마쳤다.

오늘 나의 마음에 간절한 소원은 조용기 목사님을 위해 열심히 기도할 것과, 앞으로 남편이 조용기 목사님을 모시고 보필할 수 있는 귀한 직분까지 올라가기를 원하는 마음 간절하다.

고넬료 가정과 같이 먼저 하나님을 섬기고 남을 구제하고 도울 수 있는 가정이 되기를 간절히 바란다.

❋ 1979년 11월 23일 금요일

할렐루야.

오늘도 하루를 지켜주시고 축복해주신 하나님께 감사드립니다.

하나님 아버지, 오늘부터는 제가 매일매일 일기를 쓰려고 해요. 앞으로 하루도 거르지 않고 일기를 쓰게 해주시고, 하루하루 일기를 씀으로 저의 생활을 반성하고 이다음에라도 저의 생활이나, 또 제 후손들에게 조금이나마 도움이 되고 은혜가 될 수 있도록 해주세요.

아버지, 오늘은 구역예배에 우리 구역식구가 많이 안 나왔어요. 제가 요즘 성경학교에 다니느라 구역에 소홀했나 봐요. 저의 부족함을 용서하옵시고 주님께서 친히 저의 도곡 12구역의 구역장이 되시어서 돌봐주세요. 저에게도 더욱더 열심과 충성을 더하여 주옵시길 빕니다.

그리고 오늘은 또 주님께 감사드릴 일이 많아요. 남편이 퇴근하면서 멸치 3kg과 김 100장, 한 톳을 사왔어요. 친구가 출장 가는데 부탁해서 부산에서 사온 것이래요.

먼저 하나님 아버지께 진심으로 감사드립니다. 또 저의 남편에게도 한없는 고마움과 감사를 드려요. 남편의 사랑과 고마움에 정말 몸둘 바를 모르겠어요.

이 모두가 하나님이 저의 가정을 사랑하시고 저의 남편을 사랑하기 때문인 것을 믿습니다.

오늘도 화평함과 즐거움과 축복으로 채워주신 하나님 아버지께 진심으로 감사드립니다. 아멘.

🌸 1979년 11월 24일 토요일

할렐루야.

거룩하고 거룩하신 아버지 하나님께 감사드립니다.

아버지, 오늘은 남편이 춘천으로 출장을 가셨어요. 방금 전화가 왔는데 잘 가셨대요. 남편은 언제나 출장을 가면 꼭 집으로 전화하는 것을 잊지 않으세요. 정말 너무나도 자상하시고 가족을 사랑한답니다.

아버지 하나님, 이렇게 가정에 행복과 사랑이 넘칠 때마다 남편이 함께 주님을 섬긴다면 얼마나 좋을까 하고 생각해요.

저의 남편이 주님만 영접한다면 정말로 더 바랄 것이 없을 것 같아요. 그날이 저는 가까운 것을 믿어요. 우리 주님께서 남편을 사랑하사 주님 앞에 부르시어 누구보다도 열심히 주를 섬기는 아들이 될 것을 믿습니다. 아멘.

❋ 1981년 4월 28일 화요일

오늘은 휘현이의 소풍을 따라갔다. 대공원으로 가서 아주 유쾌하게 지내고 왔다.

벌써 휘현이가 커서 소풍을 가다니! 대견하기도 하고 허전하기도 하다. 엄마 품을 한시도 떨어지지 않으려고 하던 때가 어제 같은데 선생님을 따라 무용도 하고 놀이도 하는 것을 보니 대견하기 이를 데 없다.

남편한테서 조금 늦겠다는 전화가 왔다. 헌데 이 검사님께서 영등포로 오셨다는 말씀을 하신다.

전화를 끊고 나니 하나님께 한없이 감사가 나온다. 어쩌면 내가 '영등포로 오시면 좋겠구나.' 생각했는데 그대로 되다니.

나는 하나님께 부족함이 많지만, 하나님은 한없는 사랑으로 나의 가정을 축복하시니 감사한 마음뿐이다.

하나님, 감사합니다.

오직 나의 가정을 통해서 하나님의 영광을 나타내 주옵소서.

※ **1981년 7월 14일 화요일**

할렐루야. 하나님께 감사드립니다.

일주일 금식을 작정하고 어제 하루째의 금식을 지켜주신 하나님께 감사드립니다.

내 힘으로는 단 하루도 금식할 수 없사오나 하나님의 능력 안에서는 1주일도 거뜬히 할 것을 믿습니다.

이번 금식을 통하여서 하나님의 살아 계심과 역사하심과 기적을 체험하는 기회가 될 것을 믿습니다. 저의 소원은 오직 남편이 주 앞에 회개하여 둘이 한마음으로 주를 열심히 섬기는 저의 가정이 되기만을 원합니다.

남은 생애를 오직 주를 위해서, 또는 불행한 이웃을 위하여 살기 원합니다.

나의 가정 전체를 통해서 주님 영광만을 나타내기 원합니다. 고넬료의 가정과 같이 위로는 하나님을 잘 섬기며 땅에서는 많은 사람을 구제하고 선을 베푸는 가정이 되기만을 소원합니다.

※ **1981년 7월 19일 일요일 맑음**

오늘은 아침 일찍 교회로 갔다. 일찍 가려고 생각지도 않았는데, 남편이 일찍 나가시기에 나도 일찍 나갔다.

하나님, 진정으로 감사합니다. 오늘이 일주일째 금식이에요.

아침에 눈을 뜨니 몸은 가볍고 마음은 기뻤어요.

하나님께서 저를 사랑하시어 이토록 일주일 금식을 지켜주신 것을 생각할 때 감사함을 금할 길 없습니다.

제 힘으로는 하루도 어려운 일을 성령님의 능력 안에서 일주일을 금식하다니요. 생각할수록 감사합니다.

이같이 저에게 금식을 시켜주심은 주님의 놀라우신 뜻이 있으실 줄 믿습니다.

아버지께서는 우리 마음에 소원을 두고 이루신다고 하셨지요. 제 마음에 남편 구원의 불같은 소원을 주신 아버지께서 그 소원을 이루어 주심도 믿습니다.

사울이 다메섹에서 예수님을 만나고 변화받듯이 남편도 주님을 만나고 큰 변화를 받을 것을 저는 믿습니다.

그날이 오늘이 될지 내일이 될지 1년 후가 될지, 10년 후가 될지 저는 모르오나, 우리 주님께서는 때와 기한을 정해 놓으신 줄 믿습니다.

저의 형편과 사정을 살피시고 가장 적당한 시기에 저의 남편을 변화시켜 주실 줄 믿습니다.

하오나 원하옵기는 이번 금식을 통하여 남편이 회개하는 기적이 나타나기를 원합니다. 그리하여서 하나님께 영광 돌리고 많은 사람들에게 하나님의 살아 계심과 역사하심과 간절히 구하는 자에게 응답해 주심을 간증하고 싶어요.

꼭 이루어지게 하여 주세요. 우리 부부가 한마음으로 주를 섬기고 남에게 모범이 되고 본이 되는 부부가 될 수 있도록 하여 주세요.

고넬료의 가정과 같이 위로는 하나님을 잘 섬기고, 땅에서는 많은 사람에게 은혜를 끼치고 덕을 끼치는….

또한 모든 것이 넉넉하여 선한 일을 많이 하고 남을 구제하는 그 같은 생활을 하기 원합니다.

오직 주님을 위해서 애쓰고 힘쓰는 저의 가정이 되기만을 원합니다. 할렐루야.

금식을 지켜주신 하나님께 다시 한 번 감사드립니다. 아멘.

❈ 1981년 9월 27일 주일 6시

주님, 오늘도 주님 안에서 하루가 저물었습니다.

요즘 와서는 주님께 송구스러운 마음만 자꾸 듭니다.

제 인생의 목표는 오로지 주님께 '착하고 충성된 종'이 되어 주님께 영광 돌리기만을 원하지만, 요즘은 나태하고 주의 일에 게으른 것 같아 죄송합니다.

마음은 원이로되 육신이 마음대로 움직여지지 않는군요.

구역은 부흥되지 못하는데 전도사님께서 두 구역으로 나누라 하시니 순종하는 마음으로 응합니다만 구역식구를 떼어 주기가 진정 안타깝습니다.

주님, 그리하여 오늘부터 30일까지 아침 금식하며 구역을 위해 기도하기 원하오니 붙잡아 주옵소서. 아멘.

❋ 1982년 2월 21일 주일날 9시

할렐루야. 하나님께 무한한 감사를 드립니다.

오늘도 기쁨으로 주 앞에 예배드리러 감을 감사드립니다.

아버지 하나님, 어저께는 우리 휘현이가 성림미술원 졸업을 했어요. 1년 동안 별 사고 없이 잘 다니고 또한 1년 전보다 놀랍게 의젓해지고 자란 것을 보니 감사함을 금할 길 없어요.

지현이도 종업식을 하고 성적표를 받아왔는데 모두 '수'를 받아왔어요.

이 모든 것이 하나님의 은총이 아니고 무엇이겠어요. 하나님을 경외하는 자는 자손 천대까지 복 주신다고 하신 주님, 우리 지현이·휘현이가 지혜롭고 총명하고 예쁘게 자라는 것을 볼 때마다 하나님께 감사드립니다.

그리고 어저께 남편을 위해 보약을 지어왔어요. 20만원을 주고 지어왔답니다. 저희들에게는 적은 돈이 아니오니 아무쪼록 보약을 먹을 때마다 주님이 함께하시어 더욱더 약효를 내게 하여 주세요.

하나님께서 온 가족에게 건강 주시고 남편이 하는 사업도 잘

되게 하시니 정말 감사합니다.

또한 하나님께서 저를 사랑하시어 육신에 강건함을 주시고 가정에 행복을 함빡 주시니 감사합니다.

이제 주님 앞에 갈 시간입니다. 오늘도 전도해서 가지 못하고 저 혼자 복받으러 가오니 용서하옵소서.

죄송합니다. 원하옵기는 이제 전도 많이 하여 하나님께 영광 돌리게 하소서. 아멘.

❄ 1982년 5월 8일 토요일 어버이날

하나님, 감사합니다. 오늘은 어버이날이에요.

아침에 지현이가 카네이션과 카드를 주는군요.

지현이가 어찌나 의젓하고 착하고 총명한지 하나님께 감사한 마음뿐입니다.

어저께는 3학년이 되어서 처음으로 학력고사를 보았는데 4과목 중에서 5개가 틀렸어요. 반에서 가장 잘했다는군요.

이 모든 것이 하나님의 돌보심이요 축복이라 생각하니 마음이 흐뭇합니다.

우리 지현이·휘현이를 통해 하나님께 영광이요, 많은 사람에게 덕을 끼치기 되기만을 간절히 원합니다. 아멘.

하나님께 띄우는 사랑의 편지

— 1995. 12. 22

하나님, 저요, 요즘 병이 났어요
무슨 병이냐구요?
우는 병이 났어요

눈만 감으면
눈물이 나요
하나님 생각만 하면
눈물이 나요
하나님과의 사랑은 권태기도 없나 봐요
세월이 흐르면 흐를수록 더욱더 뜨거워지는걸요

하나님께서 말씀하셨지요
"나를 사랑하는 자가 나의 사랑을 입으며…"라고요

그렇지만 아니에요
하나님께서 저를 지극히 사랑해 주시니
그 사랑을 받아
하나님을 사랑하는 것이지요

하나님 전 정말정말 하나님을 사랑합니다
하나님 사랑해요
하나님 사랑해요
하나님 사랑해요

저의 모든 것을 하나님께 맡기오니
저의 입술과 손과 발을 사용하시옵소서.

8.
아들을 주심으로 핍박에서 벗어나다

무슨 일이든지 교회에 관한 일이라면 저는 물불을 가리지 않고 열심을 냈습니다. 마치 하나님을 섬기는 오직 한 명의 성도가 나인 듯한 책임감을 가지고 교회와 하나님의 사람들을 섬겼습니다.

그 일은 제게 하나도 힘들지 않았습니다. 의무감으로 일했다면 몸이 힘들 때는 짜증도 났겠지만 저는 그 일 자체가 존재하는 의미요 기쁨이었기 때문에 언제나 행복하고 기뻤습니다.

'내가 더 할 일은 없나?'

언제나 두리번거리며 찾는 심정이었습니다. 해도 해도 제 마음에는 부족함이 느껴졌습니다.

저는 새벽예배나 구역활동 등 교회의 모든 일을 열심히 참여했습니다.

아동구역장이 이사를 가서 아동구역이 쉬어야 할 때 아동구역장까지 맡았습니다. 제 아이가 둘이니 거기에다 몇 명을 모아놓고 일주일에 한 번씩 꼭 아동구역 예배를 드렸습니다. 수요일이면 교회에 가서 율동도 배워 오고 자료도 가져와야 하는 일이었습니다.

그런 와중에도 가정과 남편과 아이들을 돌보는 일에는 조금도 소홀함이 없게 부지런을 떨었습니다. 그러다 보니 외부 일은 전혀 할 수가 없었고 오직 교회와 집만 왔다갔다 하는 일이 전부였습니다.

다행히도 친정이나 시댁에는 그다지 신경쓸 일이 없었습니다. 시댁에는 8남매 중에 우리가 둘째지만 누구 하나 시집살이를 시키는 사람이 없는 좋은 분들이었습니다. 절에 다니시는 시어머니도 교회에 다니는 저를 한 마디도 책망하지 않으셨습니다.

2011년에 97세로 세상을 떠나셨는데 스스로 절을 끊었다고 말씀하시며 개종하시고 돌아가셨습니다. 현재는 8남매 중 6남매가 열심히 주님을 섬기고 있습니다.

이런 가운데 저는 두 딸을 낳아 아주 예쁘게 키우고 있었습니다. 딸만 둘이었지만 아들을 원해본 적은 단 한 번도 없었습니다. 큰집과 작은집, 모두 아들만 있고 딸은 없었기 때문에 우리 두 딸은 사랑을 무척 많이 받았습니다. 남편도 그 어느 누구도 아들을 낳으라고 압박을 주는 사람은 없었습니다.

그런데 저보다 늦게 결혼을 한 바로 위의 언니가 딸을 낳고 두 번째 아들을 낳았습니다. 그때 친정어머니가 말씀하시는 것이었습니다.

"너도 아들 하나만 있으면 바랄 것이 없겠는데…."

그런데 저도 조카가 방실방실 웃으니 살짝 '아들도 있으면 좋겠구나.' 하는 생각이 들었습니다. 그러나 낳는다는 것은 꿈도 꾸지 않았습니다.

"하나님, 우리 딸 둘을 아들 못지않게 잘 키워 주세요. 그래서 아들 낳고 싶은 생각도 들지 않게 해주세요."

이렇게만 기도를 드렸습니다. 정말 딸 둘이 지혜롭게 잘 자랐습니다.

그런데 막내가 유치원에 다닐 때인 6살 때, 하나님이 아들을 주셨습니다. 저는 너무나 당황스러웠습니다.

'아니, 하나님! 업고 걸리고 다니다가 이제 겨우 유치원에 보내고 편안하게 교회 활동하고 예배도 홀가분하게 드릴 수 있게 되었습니다. 겨우 이제 혼자 다닐 때가 되었는데, 또 아기가 생겼으니 어쩌면 좋겠습니까?'

저는 솔직히 낳지 말까 하는 생각도 했습니다.

그때 구역식구 중에 문제가 있어서 일주일 작정예배를 드리게 되었습니다.

'이 작정예배가 끝나면 병원에 가야지.'

죄인 줄을 알면서도 아이를 없애야겠다고 마음먹고 있었습니다.

그런데 하나님께서 분명하게 저에게 꿈을 주시는 것이었습니다. 분명하게 삼남매가 저에게 있다는 꿈이었습니다.

꿈의 내용은 맑은 물이 흐르는데 아무도 밟지 않은 바닷가의 백사장을 걸어가고 있었습니다. 그때 제 손에다 알밤 세 개를 쥐어주는데 아주 빨갛고 반짝반짝했습니다. 그런데 두 개는 옆에 붙었고, 하나는 동그랬습니다. 그 밤톨을 손에 꽉 쥐면서 꿈에서 깼습니다.

'아, 아들을 하나님이 주셨구나.'

아들 하나에 딸 둘이라는 영감이 제게 퍼뜩 들었습니다.

'낳아야겠다. 정말 힘들어서 끌고 다닌다고 해도 하나님이 주셨으니 낳아야지.'

하나님의 뜻이라는 데는 생각의 여지가 없이 오직 '순종'이었습니다. 아들을 원해서라기보다 하나님의 뜻이라면 거부할 수 없었습니다.

그리고 바로 3일을 금식했습니다. 금식이 끝나자 전도사님께 심방을 요청했습니다.

"전도사님, 제가 임신을 했는데 어떻게 했으면 좋겠습니까."

"낳으셔야지요. 누구누구도 딸 둘을 낳고 아들을 낳았어요."

전도사님까지 그렇게 말씀하시니 순종할 수밖에 없었습니다. 재확인을 한 셈입니다.

'하나님이 주신다면 낳아야지.'

그래서 낳기로 결심을 했습니다.

아이를 낳기로 결심을 하고 남편에게 알렸습니다.

"아기를 가졌는데 낳을 거예요."

남편은 농담인 줄 알고 대수롭지 않게 대답하는 것이었습니다.

"낳기는! 병원에 가."

"아니, 나 낳을 거야."

농담이 아니라 사실이라는 것을 안 남편은 몹시 당황했습니다. 그러면서 단호하게 고개를 흔들었습니다.

그때부터 퇴근하고 들어오면 들들 볶는 것이 아니라, 고개를 푹 숙이고 고민을 하는 것입니다.

'아내는 왜 내 말을 듣지 않나? 낳지 말라고 하는데, 왜 저렇게 낳으려고 하나? 교회만 해도 그래. 그렇게 다니지 말라고 하는데 다니는데…, 왜 또 저러나?'

그래서 경주에 계시는 시어머니까지 불러올렸습니다. 그렇게 못 다니게 하는 교회도 말을 안 듣고 다니면서, 이제는 아이 둘이 커서 조금 편해지는가 했는데 또 셋째를 낳겠다고 하니 못 살겠다는 것입니다.

"야야, 아를 혼자 키우나. 어쩌겠냐."

시어머니도 남편을 거들어 말씀하셨습니다.

"그러다가 딸을 낳으면 어쩌냐?"

친정어머니까지도 오셔서 걱정을 하셨습니다.

"걱정 마. 내가 딸을 낳고 쫓겨나는 한이 있어도 하나님이 주시는 축복이기 때문에 낳아야 해요. 하나님이 주시는 아이를 거부하고 그다음부터 하나님한테 기도하지 못해요. 하나님이 주시는 것이면 받아들이는 수밖에 없어요."

나중에는 전도사님까지 와서 권면을 하는 것이었습니다.

"조장님, 다시 한 번 생각해 보세요. 남편이 그렇게 반대하는데 어떻게 하겠어요?"

"전도사님, 제가 아들을 낳고 싶어서 그러는 것이 아니에요. 저는 하나님이 주신다는 확신이 있었기 때문에 낳아야 해요."

그때 집에서 금식을 해도 도저히 남편이 꺾이지 않는 것이었습니다. 그런데 하나님께서 지혜를 주셨습니다. 남편은 제가 어디에 가서 자고 오는 것을 아주 싫어합니다. 그래서 기도원에 가면 큰일 나는 줄 압니다. 그래서 마음에 없는 하얀 거짓말을 또 했습니다.

"그렇게 아이 낳기를 원하지 않으면, 내가 미리 하나님 앞에 가서 용서를 빌고 와서, 당신이 하라는 대로 할게요."

승낙도 없지만 마침 어머님 두 분도 집에 와 계시니 마음놓고 아이들을 맡기고 기도원에 가기 위해 집을 나섰습니다.

집에서 나와 기도원 버스에 오르면서부터 벌써 제게 은혜가 마구 쏟아졌습니다. 기도원에 가서 하루 정도 마귀를 물리치고 3일 금식을 무사히 잘하고 내려왔습니다.

집에 돌아오니 남편이 아무 말도 하지 못하는 것이었습니다. 이미 하나님께서 남편의 마음을 만져 놓으셨습니다. 금식까지 하고 온 사람을 말릴 수가 없는 것입니다.

그다음부터는 남편과 외출할 때 누가 딸 셋을 데리고 가면,

"저것 봐! 딸딸딸…!"

하고 말했습니다. 그러면 저는 자신만만하게 대답하였습니다.

"걱정 말아요. 나는 아들을 낳을 테니까."

큰소리를 뻥뻥 쳤습니다.

드디어 1982년에 저는 아들을 낳았습니다. 그 아들을 낳으면서 남편이 핍박도 많이 사라졌습니다.

제가 정말 좋아서 교회에 다니고 열심을 내니까 마땅치 않았던 것입니다.

'가만히 집에서 아이들이나 보고 있어야 하는데 어딜 그렇게 나돌아 다니지? 예전에는 집밖에 모르던 사람이 시간만 있으면 교회로 가 버리니….'

그것이 아주 못마땅했던 것입니다. 어떻게 보면 남편은 제가 교회에 다니는 것보다 집이라는 울타리를 벗어나서 밖으로 나돌아 다닌다는 것이 더 못마땅한 것이었습니다. 못마땅한 것과 아기를 물가에 내놓은 듯 마음이 쓰이는 것이 반반이었으리라고 생각합니다.

그런데 우리 아들이 태어난 후부터 그 같은 마음이 사라졌습니다. 그리고 아무리 트집을 잡고 싶어도, 자기가 봐도 교회에 다녀서 나쁠 것이 전혀 없습니다. 제가 손톱만큼도 가정을 소홀히 하지 않고 충실하지, 어찌하든 남편 퇴근하기 전에 들어와서 저녁상 다 차려놓고 있으니 흠을 잡으려고 해도 잡을 수가 없었습니다.

아들을 낳은 1982년도에는 우리나라 안에 종말론이 팽배해 있었습니다. 예수님 오실 날이 정말 가깝다는 교계의 분위기도 꽤 있었습니다. 심한 교회에서는 집도 팔고 재산도 팔아서 오직 휴거에 대비한다고 함께 모여 사는 경우가 생겨서, 사회적으로 물의를 일으키고 비판과 논란의 대상이 되기도 한 때였습니다(다미선교회). 그런 시기에 아들을 낳고 보니까 걱정도 되었습니다.

'하나님 오실 날도 가까운데 어디에 쓰시려고….'
하는 생각이 들었지만, 그러나 아들을 주의 종으로 바치겠다느니 하는 말은 하지 않았습니다. 하나님께서 알아서 하시는 것이지, 제가 주제넘게 아들을 이렇게 저렇게 하겠다는 말은 하고 싶지 않았습니다.

'하나님, 우리 아들이 하나님의 섭리대로 하나님께 영광 돌리게 해주세요.'
스바냐서 3장 17절의 말씀대로 우리 아들이 하나님께 기쁨을 드릴 수 있는 존재가 되어 일평생 하나님의 사랑 안에서 살기를 바라고 기도할 뿐이었습니다.

"너의 하나님 여호와가 너의 가운데에 계시니 그는 구원을 베푸실 전능자이시라 그가 너로 말미암아 기쁨을 이기지 못하시며 너를 잠잠히 사랑하시며 너로 말미암아 즐거이 부르며 기뻐하시리라 하리라"(습 3:17).

막상 우리 가정에 아들이 태어나니까 가족 모두가 너무 기뻐하고 좋아하는 것이었습니다.

"이 집에는 아들만 있으면 부러울 것이 없이 좋겠다 했는데, 외손주가 태어났으니…."

친정어머니는 하늘에서 뚝 떨어졌다 하며 기뻐하셨습니다. 남편도 세상을 얻은 듯 기뻐하였고 유치원에 다녀온 둘째 딸은 동생이 생기니 꿈이야, 생시야 하고 기뻐했습니다.

남편은 교회에는 나오지 않았지만 반대는 하지 않았습니다. 가정의 대소사나 자녀교육도 항상 제 의견에 따라 주었습니다. 모든 것이 하나님의 은혜요 성령님의 인도하심이니 저에게는 오직 감사밖에 없습니다.

남편도 싱글벙글 기뻐하고 성도들도 너무 좋아하였습니다.

▶ 아들이 한 살 때

✤ 1982년 6월 2일 수요일 4시

할렐루야. 하나님의 은혜와 축복에 한없는 감사와 찬송을 드리옵나이다.

우리의 선한 목자 되시어서 우리를 인도하시고 보호하시는 하나님 아버지, 오늘까지 저를 보호하시고 어려울 때마다 도움이 되시어서 승리하게 하신 하나님께 감사드립니다.

이 시간 또 주님께 간절히 아뢰옵기는 주님께서 축복 가운데 잉태케 하신 태중의 아기를 지켜주시고 보호하여 주옵소서.

남편의 반대를 물리쳐 주옵시고, 부족한 종에게 지혜를 주시어서 이번 고비를 지혜롭게 넘길 수 있게 하옵소서.

오로지 주님의 능력과 손길만을 의지하오니 능력의 손길을 베풀어 주옵소서.

이제 이 시간부터 주일 예배까지 금식하겠사오니 태중의 아기에게는 지장이 없게 하옵시고 능력과 권능이 임하여서 축복을 가로막고 나서는 원수마귀를 이기고 승리할 수 있게 하여 주옵소서.

하나님의 기적을 기대하며 이번 기회를 통해서 남편도 변화받아 주 앞에 회개하는 놀라운 축복이 임하게 하옵소서.

"너희는 아무 염려하지 말고 오직 모든 일에 기도와 간구로 하나님께 감사함으로 아뢰어라" 하신 주님의 말씀과 같이 염려를 주님께 맡기고 감사함으로 하나님께 아뢰옵나이다. 아멘.

❋ **1982년 6월 5일 토요일 7시**

하나님 아버지, 오늘도 건강한 몸으로 일으켜 주셔서 감사합니다. 오늘이 3일째 금식이에요.

이번에는 임신 중이라서 그런지 무척 힘이 드는군요. 하나님의 능력이 아니시면 도저히 할 수 없을 지경입니다.

하오나 주님께서 주신 아들이요 주님께서 기뻐하시는 아들을 지키고자 하는 마음이니 어떤 고통도 참을 수 있습니다.

오늘 아침에는 남편이 무어라고 하고 나가셨는지 아시지요.

내일 병원에 갈 준비를 하라는 거예요. 하지만 조금도 염려하지 않습니다.

주님께서 기적적으로 남편의 마음을 감동시키시리라 믿기 때문이에요.

하나님, 오늘 저녁이 기회입니다.

요셉에게 현몽하신 하나님, 오늘밤 꿈속에 저의 남편에게 현몽하여 주옵소서. 주의 사자를 보내시사 "이는 하나님께서 주신 아들이요 저희 가정에 큰 축복이니 감사함으로 받아들이라" 말씀해 주옵소서.

남편이 간밤에 말했어요. 제가 하나님을 그같이 열심히 믿으니까 자기도 기회가 오면 나가야 되겠다고 생각한대요.

저는 그 말이 얼마나 기쁜지 몰라요.

남편 마음에 이미 성령님께서 역사하시사 그 마음을 변화시키고 계신다는 생각에서지요. 죽어도 안 다닌다고 해서 나의 마음을 아프게 하던 남편이 어떻게 그 같은 마음을 가질 수가 있겠어요. 이는 하나님의 성령님께서 이미 그 마음을 변화시켰기 때문이라 믿습니다.

하나님, 이번 저의 금식도 큰 기적을 안고 오리라고 믿고 있습니다.

주님께서 귀신들을 쫓아내시고 금식과 기도 외에는 이런 유가 나갈 수 없느니라고 말씀하신 주님, 이번 금식을 통해서 남편을 괴롭히던 불신앙의 원수마귀, 불순종의 원수마귀는 완전히 떠나갈 것을 믿습니다.

그리하여 오직 고넬료의 가정과 같이 위로는 하나님만을 섬기며 이 땅에서는 많은 사람에게 은혜가 되고 덕이 되고 남을 구제하고 선을 베푸는 저의 가정이 되기만을 간절히 원할 뿐이옵니다.

항상 부족한 저를 사랑하시고 넘치도록 축복하신 하나님.

오직 저의 남은 생을 하나님께 맡기고 주님께 영광만을 돌리며 살기를 원할 뿐이옵니다. 아멘.

1982년 6월 6일 주일 오후 8시

항상 저를 지켜주시고 함께하시는 하나님께 감사드립니다.

오늘 교회에 다녀와서 남편의 성화에 못 이겨 병원에 갔었어요. 갔다가 위험하다는 의사의 만류로 진찰만 하고 돌아왔어요. 남편이 어찌나 화를 내시는지 정말 참기 힘들었습니다.

이렇게 남편이 반대를 하고 나서는데 기어코 낳으려고 고집을 부리는 저를 생각하니 이것이 믿음인가 하는 생각도 듭니다.

딸을 둘이나 두고 낳으라고 해도 또 딸 낳을까 봐 싫다고 할 형편인데, 극구 반대하는데 이같이 낳아야만 된다는 생각으로 가득하니 제 마음으로 어찌할 수 없습니다.

제가 믿는 데는 오직 주님뿐이랍니다.

분명히 주님 주신 아들이요 주께서 기뻐하시는 아들이라 믿기 때문이지요. 저의 가정에 큰 기쁨과 축복이요, 하나님께는 큰 영광이 될 것을 확실히 믿습니다.

그러하오니 주님께서 남편 마음에도 그 같은 확신을 주시길 빕니다. 저렇게 반대하는 것을 어떻게 견디어 나갑니까.

기왕이면 남편과 같이 태어날 아기에 대해 기도하며 기다리는 우리 부부가 되도록 해 주세요. 예수님의 이름으로 간절히 기원합니다. 아멘.

❋ **1982년 6월 15일 화요일 11시**
할렐루야. 하나님, 감사합니다.

3일을 작정하고 기도원에 갑니다.

뜻밖으로 남편이 너그러이 보내주어서 감사하기 이를 데 없습니다. 하나님께서 남편의 마음에 평강을 주시고 밖에서 일할 때 시시때때로 지켜주시어서 평안한 마음으로 직장에 나가도록 지켜주세요.

이번 금식을 통하여 완전히 저의 흉악의 결박이 풀어지고 승리하는 기적이 나타날 것을 믿습니다.

이번 기회를 통하여 저의 남편도 주 안에서 완전히 변화받아 하나님의 그 큰 사랑과 살아 계심을 깨닫고 회개하는 역사가 일어날 것을 믿습니다.

오로지 모든 것이 다 주님 뜻 안에 있사오니 주님 영광만을 나타내게 하옵소서.

❁ 1982년 6월 19일 토요일 9시

할렐루야. 사랑이 무한하신 하나님, 감사합니다.

3일(15-18일)간의 기도원 금식기도를 마치고 은혜가 충만한 가운데 기쁨으로 하산하게 하신 하나님, 감사합니다.

남편과 10년을 사는 동안 3일씩이나 집을 비운 것이 처음이었습니다.

기도원에 있으면서도 아침 6시면 '남편이 일어나겠구나.', '출근하겠구나.', 또 '퇴근하겠구나.' 하고 시계를 무수히 들여다보곤 했지요.

3일을 남편의 구원을 목이 터질세라 외치다 보니 목이 꽉 잠겼습니다. 저는 하나님의 사랑에 넘치는 응답을 받고 너무도 기뻤습니다. 제가 7년을 하루같이 오직 남편 구원의 불타는 소원을 가지고 간구해 왔는데, 뜻하지 않은 일을 통하여 기도원에 불러주시고 마귀를 물리치고 승리하게 해주신 하나님께 정말 감사를 드립니다.

지금 남편은 엉뚱한 방향으로 나오고 있지만 저는 주님을 믿습니다. 지금 이 시간도 그 아들을 지켜주시고 주께서 동행하고 계시며, 이제 주 앞에 나와 회개하는 일이 시간문제라고 말입니다.

하나님이 하시는 일은 우리가 알 수 없으며 짐작도 할 수 없다고 생각됩니다.

언제 어느 때에 어떠한 방법으로 남편을 회개시키실지 모르지만 분명히 알 수 있는 것은 우리 주님께서 원하시면 지금 이 시간에라도 남편이 주 앞에 엎드려 회개할 수 있으리라고 믿습니다.

주님! 주님께서 저의 기도에 응답하시고 남편을 괴롭히고 저의 가정을 훼방하던 마귀를 이기고 승리하게 하셨으니, 이제 남편이 주 앞에 회개하는 일은 시간문제라 믿습니다. 아멘.

9. 조장을 하세요

아들을 낳고 두 달이 지난 후, 대치동에서 개포동으로 이사를 하게 되어 자연스레 조장 일을 내려놓게 되었습니다.

이사를 하자 전도사님(현재 부천교회 장희열 목사)이 심방을 오셨습니다.

"다시 조장 일을 하세요."

저는 전도사님의 말에 깜짝 놀랐습니다. 그러나 저는 순종이 첫 번째였기 때문에 말씀을 드렸습니다.

"전도사님, 저는 전도사님이 하라고 하시면 안한다고는 못합니다. 그런데 한번 보세요. 아들을 낳아서 이제 두 달 되었는데, 구역장도 아니고 조장을 어떻게 하겠습니까?"

전도사님이 웃으며 말씀하셨습니다.

"그래도 하세요."

감당할 만하니까 맡기시는 것을 믿어야 합니다. 하나님이 보시기에 능히 감당할 수 있다면 그것은 이미 저의 일이라는 것을 믿었습니다. 그래서 기쁜 마음으로 순종하기로 마음먹었습니다.

"네, 순종하겠습니다."

그래서 또 어린 아들을 등에 업은 채 심방을 다니는 일이 시작되었습니다. 어찌하든지 하나님의 일이 저 때문에 위축되어서는 안 되기 때문에 최선을 다해서 조장 일을 감당했습니다. 구역장을 몇 명 거느리고 섬기는 것이 조장이 하는 일이었습니다.

그렇게 시간을 쪼개어 조장으로서의 사명을 감당하면서 자녀를 키웠습니다. 딸들은 공부를 잘하고 순탄하게 자랐습니다.

"공부해. 그만 놀고 공부해."

우리 딸들에게는 그런 말을 할 필요가 없었습니다. 할 필요를 느끼지 못할 만큼 스스로 알아서 야무지게 공부를 잘 했습니다. 반장을 하면서 반에서 늘 1, 2등을 했습니다.

저는 아이들이 초등학교 때부터 어학에 치중했습니다. 특히 영어교육에 공을 들였습니다. '라보'라는 언어활동이 있었는데 거기서 영어와 일어·불어 등을 접하게 했습니다. 큰애는 초등학교 때 15일 동안 일본 가정에 보내고, 그 가정의 아이가 또 우리 집에 오는 등 체험활동도 하게 하였습니다. 그때는 조총련의 활동이 활발할 때라 보내기가 두려웠지만 큰마음을 먹고 보낸 것 같습니다.

"여호와는 너를 지키시는 이시라 여호와께서 네 오른쪽에서 네 그늘이 되시나니 낮의 해가 너를 상하게 하지 아니하며 밤의 달도 너를 해치지 아니하리로다"(시 121:5-6).

10. 딸에게 있었던 어려움

우리 가정은 하나님의 은혜 가운데 평탄하게 살아왔는데, 우리 딸로 인한 어려움이 한번 있었습니다.

딸은 초등학교 때 공부를 아주 잘해서 늘 반에서 1, 2등을 놓치지 않는 우등생이었습니다. 그래서 선생님의 사랑을 독차지하고 어디에 가든지 사랑을 받았습니다.

그런데 중학교에 진학하자 수업을 하는 방식이 달라졌습니다. 선생님이 과목마다 들어오니 과목마다 다 잘해야 했습니다. 거기서 스트레스를 받았나 봅니다. 일등을 해야 하는데 꼭 과목 하나에서 걸려서 일등이 안 되는 것이었습니다. 전 과목을 잘해야 하는데 그게 안 되니까 심하게 스트레스를 받았던 모양이었습니다.

하루는 제가 심방하고 집으로 들어가는데 딸이 현관에 쓰러져 있는 것이었습니다.

"아니, 이게 웬일이야?"

저는 너무 놀라 정신없이 아이를 끌어안고 병원으로 갔습니다.

 병원에 가서 이런저런 상담을 하고 별일이 아닌 듯이 집으로 돌아왔습니다. 그런데 집에 오니 또 딸애가 불안해하고 초조해하는 것입니다. 그리고 이 현실이 너무 힘들다는 것입니다. 아무리 달래도 소용이 없었습니다.

 그래서 곧바로 당시 이경호 목사님과 오충복 전도사님에게 심방을 요청하였습니다.

 오셔서 예배를 드려주신 후에 목사님이 말씀하셨습니다.

 "기도원에 가세요. 이건 약으로 되는 일이 아닙니다."

 그때 아들이 너무 어려서 기도원에 갈 수 없는 형편이었는데도 남편에게 반승낙도 받지 않은 채 딸을 데리고 기도원으로 향했습니다. 그날이 주일이라 기도원에 가는 버스를 타기 전에 주일예배를 드리고 가게 되었습니다. 기도원에 가는 버스는 여의도교회 앞에서 출발하였습니다.

 그런데 예배를 드리고 나서 딸이 말했습니다.

 "엄마, 내가 너무 내 힘으로 모든 것을 잘하려고 했어. 하나님이 해주셔야 하는데…."

 그 말을 하는 딸의 얼굴이 안정되어 보였습니다. 안정을 찾은 듯해서 제 마음이 얼마나 기쁘던지요!

 "그래? 그래도 일단 기도원으로 가기로 마음먹고 나왔으니까 기도원에 가자."

 "응, 엄마."

그래서 기도원에 가서 아이는 3일을 금식하고 나는 일주일을 금식하고 내려왔습니다.

그날 이후 딸아이는 건강하게 학교생활을 잘해 나갔습니다. 그때 전도사님이 오셔서 하시는 말씀 중에, 명문대학에 다니는 사람 중에 스트레스를 받아 이런 일이 생기는 경우가 많다고 하셨습니다. 거기에서 헤어 나오지 못하는 사람들이 많은데 딸은 기도원에 가서 3일 금식하고 와서 바로 건강을 되찾았습니다. 주의 종의 말씀에 순종하니 바로 해결이 되었습니다.

담당 교구장님이 딸아이의 간증을 많이 하고 다니신다고 하셨습니다. 하나님 앞에 곧바로 순종하면 그렇게 고침 받는다는 것을 알게 되었습니다. 이 병원, 저 병원으로 아무리 쫓아다녀도 마음의 병은 쉽게 치료되지 않는다는 것을 알았습니다. 몸의 병에는 증상에 따라서 개발된 많은 치료약이 있지만 마음의 병은 너무나 섬세해서 약이 소용없는 경우도 많습니다.

우리 가정과 저에게 딸아이 문제는 큰 위기였지만 주의 종의 말씀에 순종하니 하나님께서 곧바로 회복시켜 주셨습니다.

지금 현재는 결혼하여 아들 둘을 낳고 잘 살아가고 있습니다. 그중에 큰손주는 초등학교 3학년으로 10살인데, 하나님께서 미술에 대한 뛰어난 재능을 주셔서 동화책 그림을 그리는 꼬마 화가라는 말을 듣고 있습니다('바다를 건너간 낙타'의 삽화를 그린 꼬마 화가 ○○○).

손주의 그림 후기를 보면 너무나 기특합니다.

♬ 안녕하세요. 저는 ○○○입니다.

이번에 제일 좋았던 것은 그림을 그릴 수 있었다는 것입니다. 왜냐하면 제가 제일 좋아하는 것이 그림을 그리는 것이거든요. 저는 심심할 때 종이에 무언가를 그리는 것을 좋아합니다. 그림을 그리며 제 생각 속으로 마음껏 여행을 할 수 있거든요. 낙타 이야기에서 제일 슬펐던 것은 친구 돌고래가 죽었을 때입니다.

그렇지만 낙타가 용감하게 구슬을 가지고 낙타마을을 구할 수 있었던 것은 너무 기뻤습니다. 많은 친구들이 이 책을 좋아했으면 좋겠습니다.

특히 그림을 재미있게 즐기길 바랍니다. ~♬

너무 사랑스런 우리 손주가 하나님이 주신 재능을 잘 계발하여, 하나님께 큰 영광 돌리는 믿음의 사람으로 성장하기를 간절히 기도드리고 있습니다.

11. 신학교에 갈 것을 권유받다

아들을 낳고 더 열심히 조장 활동을 하니까 구역장들이,
"조장님도 신학교에 가야 하는 거 아니에요?"
하는 것이었습니다.

"신학교는 열심히 있다고 가고, 자기가 가고 싶다고 가는 곳이 아니에요. 하나님께서 부르시는 사람만 가지요. 제게 신학이라니요!"

그런데 이상했습니다. 그런 말을 들으니까 제 마음이 설레기도 하고 두근두근하기도 했습니다.

◀ 어린 아들

그래서 하나님 앞에 그 문제를 놓고 간절히는 기도하지 않았지만 생각이 날 때면 스쳐 지나가는 기도를 드렸습니다.

'하나님, 저는 너무 부족한 사람이라 그럴 리가 없을 것 같긴 하지만요. 만에 하나, 하나님의 일을 해야 하는 사명이 있다면, 그래서 하나님이 부르신다면 환경은 보지 않고 순종할 것입니다. 그러하니 그럴 리가 없으시겠지만 저를 부르신다면, 제가 그래도 갈 만한 때에 부르세요.'

12.
개포동에서 다시
대치동으로 장막을 옮기다

개포동으로 이사간 지 1년 만에 집값이 꼭 배로 올랐습니다. 그래서 1년에 같은 단지의 조금 더 넓은 아파트로 이사를 할 수 있었습니다.

그런데 개포동에서 한 5년을 살다 보니 다시 대치동으로 나오고 싶어졌습니다. 그리고 이번에는 남편이 단독주택으로 가고 싶어하는 것입니다. 그래서 살던 지역을 벗어나지 않는 정도에서 이 집 저 집을 보게 되었습니다.

저는 집을 보는 기준이 있었습니다. 제가 보는 기준은 다름 아닌 응접실의 넓이였습니다. 왜냐하면 구역 식구들을 모시고 단합예배를 드릴 수 있는 공간이 필요했기 때문입니다.

그래서 최종적으로 두 집을 가지고 저울질을 하는데, 한 집은 응접실이 넓은데 땅이 좁고 한 집은 응접실은 적은데 땅이 조금 넓었습니다.

나는 응접실이 넓은 쪽으로 결정하여 1988년에 집을 구입하게 되었습니다. 그런데 지금 와서 보면 가장 위치상으로 좋은 집을 골랐다는 것입니다. 모두가 주님의 은혜입니다.

저는 여전히 조장 일을 하였고 또 주일이면 강남 제2성전에서 고등부 교사로 섬겼습니다. 막내아들도 유치원에 다니고 아이들 셋은 건강하게 잘 자라주었습니다.

그런데 이사를 한 후에 제 마음에 변화가 느껴졌습니다. 교회도 강남 제2성전으로 가까워지고 남편의 반대도 없어졌는데, 이제는 교회 일이 그리 신바람이 나지 않는 것입니다.

"이와 같이 성령도 우리의 연약함을 도우시나니 우리는 마땅히 기도할 바를 알지 못하나 오직 성령이 말할 수 없는 탄식으로 우리를 위하여 친히 간구하시느니라"(롬 8:26).

'내가 왜 이러지? 신바람이 나서 교회 일에 충성하며 훨훨 날아다녀야 하는데….'
누가 조장 일이 하기 싫다고 하면 조장도 안하면 무슨 재미로 교회를 다니려고 그러냐고 책망하던 저였습니다.

어느 날은 교회도 가기 싫은 날이 있는 것입니다. 교회도 가깝고 남편의 반대도 없는데, 정말 배부른 소리임에 틀림없습니다.

지금까지 겪어보지 못한 제 마음의 상태에 저는 풀이 죽었습니다.

제3장
사명의 길, 행복한 길

1. 사명을 받다

아들이 어느덧 초등학교에 들어가는 해가 되었습니다. 그리고 큰딸은 고등학교 3학년이 되었습니다.

하루는 우리 교구 전도사님이 오시더니 말씀하셨습니다.

"교회 교사를 내려놓으세요."

교구 전도사님은 우리 교구 쪽 일을 더 열심히 해주기를 바라셨습니다.

"그래요? 그러면 내려놓지요."

교구 전도사님의 말씀에 따르기 위해 저는 교회학교 전도사님(현재 안해운 목사)께 말씀을 드렸습니다.

"전도사님, 저 이제 교회학교는 그만할래요."

제 말에 전도사님이 깜짝 놀라며 말씀하시는 것이었습니다.

"아니, 선생님! 여기가 주의 종 훈련 장소인데 왜 교사를 그만두세요?"

전도사님은 아무 생각 없이 하는 말인데, 저는 그 이야기를 듣는 순간 가슴이 철렁했습니다.

'여기가 주의 종의 훈련 장소라고? 그럼 하나님이 날 부르셨다는 말이야?'

전도사님의 말 한 마디가 제 가슴에 정통으로 꽂혀 버린 것입니다. 그래서 그날 예배에 들어가서 얼마나 감격을 했는지 모릅니다.

'하나님, 하나님이 저를 부르셨어요?'

이 많은 사람들 중에 하나님이 딱 뽑아서 주의 종으로 부르셨다는 것이 너무 감격스러웠습니다.

그래서 그 전도사님에게 제 마음을 말씀드렸습니다.

"전도사님, 전도사님은 그냥 던진 말인데, 저는 그 말에 꽂혀서 그렇게 감격스러웠어요."

그러자 전도사님이 진지한 표정으로 제게 말했습니다.

"신학에 가는 문제를 기도해 보세요. 지금 당장 가라는 것은 아니니…."

"네, 그럴게요."

저는 그날부터 신학에 가는 문제에 대해서 열심히 기도를 하였습니다. 종종 기도를 하는 중에 남편에게 은근히 운을 떼보기도 하였습니다.

"여보, 나 신학을 가고 싶은데…."

그러자 남편이 말했습니다.

"올해는 제발 집에서 아이 좀 잘 돌보고 있어. 아이가 고3이잖아."

남편의 말도 맞았습니다. 고등학교 3학년이라는 시간이 얼마나 중요한 시기인가는 저도 잘 알고 있었습니다. '그래, 올해는 접어두자.'는 생각이 들었습니다. 엄마로서 딸아이의 뒷바라지에 소홀할 수는 없었습니다.

"알았어요. 그럴게요."

남편에게 말은 그렇게 하면서도 저는 계속 기도를 하였습니다.

'하나님, 저에게도 정말 영광스러운 사명이 있습니까? 저를 부르셨습니까? 어떤 전도사님은 붓글씨로 전도사라고 써서 주셨다고 합니다. 하나님 저도 하나님께서 부르셨다는 것이 정말 분명해야 가지 않겠습니까? 하나님, 저에게도 확실하게 보여주세요.'

그런데 제게 보여주지는 않으시고, 기도만 하면 요한복음 21장의 말씀만 떠오르는 것입니다.

"그들이 조반 먹은 후에 예수께서 시몬 베드로에게 이르시되 요한의 아들 시몬아 네가 이 사람들보다 나를 더 사랑하느냐 하시니 이르되 주님 그러하나이다 내가 주님을 사랑하는 줄 주님께서 아시나이다 이르시되 내 어린 양을 먹이라 하시고 또 두 번째 이르시되 요한의 아들 시몬아 네가 나를 사랑하느냐 하시니 이르되 주님 그러하나이다 내가 주님을 사랑하는 줄 주님께서 아시나이다 이르시되 내 양을 치라 하시고 세 번째 이르시되 요한의 아들 시몬아 네가 나를 사랑하느냐 하시니 주께서 세 번째 네가 나를 사랑하느냐 하시므로 베드로가 근심하여 이르되 주님 모든 것을 아시오매 내가 주님을 사랑하는 줄을 주님께서 아시나이다 예수께서 이르시되 내 양을 먹이라"(요 21:15-17).

목자가 되라는 말씀이었습니다.
"나를 사랑하느냐 그럼 내 양을 먹이라."
'이 말씀을 내게 주시는 것은 신학교에 가라는 뜻이 맞는데….'
말씀으로 저는 확실히 깨달을 수 있었지만 그래도 선뜻 신학교에 갈 생각은 할 수 없었습니다. 아무튼 큰딸의 대학진학이 이루어진 후에 생각해 볼 문제였습니다.
그런데 교구 전도사님과 다른 일로 통화를 하다가 신학 이야기가 나왔습니다.
"전도사님, 신학을 가야겠어요. 올해는 아이가 고3이니까 안 되고 내년에 갈까 봐요."
그러자 전도사님이 그러시는 것이었습니다.
"조장님, 오전에 공부하면 되는데 그냥 말하지 말고 가요."
"그래요?"
알아보니까 오전에 신학교에 가서 잠깐 공부하고 돌아오면 남편이 퇴근하기 전에는 집에 올 수 있었습니다. 내가 부지런하게만 움직인다면 딸아이의 고3 뒷바라지도 잘하면서 가정일도 아무 지장 없이 잘하고 신학 공부를 할 수 있을 것 같았습니다. 공부를 하고 싶은 마음이 간절했기 때문에 몸이 힘들고 고달파질 것은 아무 문제도 되지 않았습니다.

'아, 그러면 되겠구나.'

저는 순종하기로 하고 남편 몰래 시험을 보았습니다.

"사무엘이 이르되 여호와께서 번제와 다른 제사를 그의 목소리를 청종하는 것을 좋아하심 같이 좋아하시겠나이까 순종이 제사보다 낫고 듣는 것이 숫양의 기름보다 나으니"(삼상 15:22).

주님 그 이름

— 2012. 5. 18. 금

주님!

언제나 나의 부름에 응답하시는
그 이름 예수

기쁠 때 가장 먼저 생각나는
그 이름 예수

슬플 때 가장 먼저 찾아 부르는
그 이름 예수

언제나 나의 부름을 기다리고 계시는
그 이름 예수

내가 기쁠 때 함께 기뻐하시는
그 이름 예수

내가 슬플 때 함께 슬퍼하시는
그 이름 예수

당신은 나의 기쁨이요

　　나의 힘이요

　　나의 피할 바위십니다.

2. 신학원에 가다

조장 일에 시들해질 때 사명을 받으니 저는 또다시 생기를 되찾아 펄펄 날았습니다.

 신학원 시험을 치르고 저는 남편 몰래 신학원을 갔습니다. 남편 몰래 공부를 시작한다는 것은 힘든 일이었습니다. 여간 부지런하지 않고서는 해나갈 수조차 없는 일이었습니다. 오직 하나님을 사랑하고 하나님의 일을 더욱 열심히 해드리고 싶다는 열망 하나로 시작했습니다.

 저는 남편이 출근을 하기 전까지는 이전과 다름없이 행동을 합니다. 그러다가 남편이 출근을 하면 아직 자는 아들을 깨웁니다. 아들은 초등학교 1학년에 막 입학을 하였습니다.

 "졸려."

 아직 잠에서 덜 깬 아들을 재촉합니다. 학교에 갈 시간도 안 되었는데 총알같이 빠르게 움직여 준비를 시킵니다. 그때는 시간이 너무 일러서 아직 학교 교문이 열리지 않습니다. 그래서 저는 아들을 아들의 친구네 집으로 보내 놓고 학교로 가는 것입니다. 정신없이 아들을 보내고 준비하고 집을 나서면 몸은 콩 튀듯 바쁘게 뛰었지만 눈에서는 감사의 눈물이 흘렀습니다.

앞서 행하시는 하나님은 나의 신학공부를 위해 자동차까지 미리 주셨습니다. 저는 다른 것은 다 해도 운전은 겁이 나서 안한다고 했습니다.

그런데 어느 날 나도 운전을 배워볼까 하는 마음이 들었습니다. 내가 그런 마음을 가지고 있자 하나님은 또 앞서 행하셨습니다. 남편이 누가 타던 차를 헐값에 사다 집 앞에 세워 놓는 것입니다. 그러니 운전을 배울 수밖에 없었습니다. 어찌나 운전이 어려운지 운전하는 사람이 제일 위대해 보였습니다. 그래도 필기시험과 실기시험에 다 쉽게 합격하였습니다.

연수교육까지 다 받았는데도 직접 차를 몰려니 너무 겁이 났습니다. 게다가 남편은 한술 더 떠서 자기에게 합격을 해야 된다며 차를 몰고 시험을 나갔습니다. 벌벌 기며 운전하는 제 옆에서 남편이 더 긴장을 하며, '큰일날 사람, 이 정도 실력으로 차를 어떻게 모냐'며 핀잔을 주는 바람에 아주 주저앉고 차를 그냥 세워 두었습니다.

그러다 안 되겠다 싶어 다시 연수를 받으러 갔습니다. 그랬더니 기사가 하는 말이, 절대로 남편을 옆에 태우지 말라는 것입니다. 우스갯말이지만 운전 배우다가 이혼한다고요.

우여곡절 끝에 89년에 면허를 따고 운전을 하게 만드신 후에, 91년에 신학을 보내셨습니다. 차를 가지고 오전에 씽하고 학교에 다녀올 수 있어서 얼마나 좋은지 몰랐습니다. 예비하시는 하나님의 사랑에 감사드립니다.

그렇게 바빠 서둘러 학교에 도착하면 마음이 날아갈 것같이 가뿐하고 기쁩니다. 제가 꼭 있어야만 할 곳에 왔다는 안도감과 자부심이 저를 기쁘게 했습니다.

'아버지, 제가 아버지의 신실한 종이 되는 공부를 하기 위해 여기 왔습니다. 오게 해주셔서 정말 감사드립니다.'

▼ 1994학년도 제9회 하계금식 수련회(신학 4학년)

교회에 간 첫날부터 터진 눈물샘은 마를 줄을 모르고 오늘날까지 흐르고 있습니다. 아버지 이름만 불러도, 찬양을 하다가도, 말씀을 전하다가도, 이야기를 나누다가도 하나님의 사랑에 복받쳐 마를 줄을 모르고 흐릅니다. 그렇게 자주자주 눈에서 감사의 눈물이 나왔습니다.

그렇게 신학을 1년 정도 한 후에 자연스럽게 남편이 알게 되었습니다. 마땅치는 않았겠지만 이미 시작한 공부라서 남편도 어쩔 수가 없었을 것입니다.

공부를 하면서 저는 사역에 대해서도 기도를 하였습니다.

'하나님, 제가 원하는 곳이 아니라 정말 하나님이 필요한 곳에 저를 사용해 주십시오.'

이것이 제 사역지를 위한 기도였습니다.

"… 나의 원대로 마시옵고 아버지의 원대로 하옵소서 하시고"(마 26:39).

차 한잔의 여유로움

— 1995. 12. 30
주일날 새벽같이 교회에 가서 예배준비를 마치고
차 한잔을 앞에 두고

아! 이 차 한잔의 여유로움
이 여유로움을 느껴보는 자는 행복하다

무엇이 그리 바쁜지
무엇이 그리 불만인지
잔뜩 찌푸린 얼굴로
군중을 밀치고 지나치는 군중들을 보며
미소를 지어본다

어디로 가겠다고
무엇을 찾아보겠다고
무엇을 잡겠다는 것인가

아무리 가도
아무리 찾아도
아무리 잡아도
끝이 없으리라

오직 내가 어디로 가고 있으며
무엇 때문에 가고 있으며
무엇을 위해 가고 있는가를
아는 자만이 행복하다
하나님께로부터 와서 하나님께로 돌아감을
분명히 아는 사람 그는 행복하다

차 한잔의 여유로움을 즐기며 말이다.

3.
전도사 시험에 떨어지다

19 91년에 입학하여 드디어 1994년에 신학교 졸업을 하게 되었습니다.

드디어 여의도교회에서 본 교회를 섬길 전도사 시험 공고가 났습니다. 저도 응시를 하고 싶었습니다.

'나도 본 교회를 섬기고 싶다. 이번 기회에 꼭 합격했으면 좋겠는데…. 열심히 공부를 해봐야지.'

이런 마음이 있었습니다. 그래서 예상문제를 가지고 제 나름으로는 시간을 내서 정말 열심히 공부를 했습니다.

시험을 보는데 출제된 문제를 보니까 다 아는 것이었습니다.
'아, 하나님께서 특별히 나를 위한 문제를 내주셨구나. 100점 맞게 생겼어. 이거 일등으로 들어가는 거 아니야?'

기분이 너무 좋았습니다. 문제를 다 풀었는데도 시간이 너무 많이 남았습니다.

답안지를 몇 번이나 검토하고 또 검토하고 나서 제출 시간이 되어 내려고 하는데, 그때 눈에 띄는 것이 맨 마지막 한 단원을 풀지 않은 것이 보였습니다. 순간 제 눈앞이 멍해지면서 다리가 후들후들 떨려 왔습니다.

'아니, 이게 웬일이야? 어떻게 이것을 못 볼 수가 있지? 이렇게 바보 같을 수가 있나?'

제 자신이 한심하기 짝이 없었습니다. 그러나 이미 때는 늦었고 후회해도 소용이 없었습니다.

어쩔 수 없이 답안지 그대로 제출을 해야 했습니다.

시험에 당연히 떨어졌습니다. 뒤에 교구 전도사님이 제게 말씀해 주었습니다.

▶ 신학교 졸업
(1994년)

"점수를 알아보니까 커트라인이 71점이었는데 68점을 맞았어요."

한 단원을 풀지 못했는데 68점을 맞았다는 것은 푼 문제는 거의 다 맞은 셈이었습니다. 그 말을 들으니 또다시 안타까움이 몰려왔지만 분명 그렇게 떨어지게 된 것에도 이유가 있을 것이라고 위로했습니다. 사실 여의도교회 전도사로 일하려면 아침부터 밤까지 해야 하는데 저의 환경으로서는 너무 벅찼습니다. 합격했다고 해도 감당할 수 있을지 의문이었습니다.

'아, 올해는 아닌가 보다. 내년에 한 번 더 보지, 뭐.'

저는 이렇게 마음을 추슬렀습니다.

주를 사랑하나이다

— 1996. 3. 22

나의 사랑하는 예수님
사랑하는 예수님
사랑하는 예수님

내가 주를 사랑하나이다
주를 사랑하나이다
주를 사랑하나이다

주님께서 먼저 나를 사랑하셨고
그 사랑에 저는 화답하나이다

주님께서 왜 이다지 저를 사랑하시는지
저는 모릅니다

오로지 주님을 향한 이 사랑에
감격과 기쁨과 행복에
가슴이 설레일 뿐입니다

다만 내가 아는 것은
주님께서 저를 이제까지 사용하셨고
이제도 사용하시고
앞으로도 사용하신다는
믿음뿐입니다

이제까지 저에게 좋은 것으로만
채워주신 주님께서
앞으로 더욱더 저를 높은 곳에 세우시고
주의 영광을 위해 살게 하실 것을
압니다
그 사랑에 저는 순종함으로
따를 것입니다

주님이 기뻐하는 일이라면
주저하지 않을 것입니다
주님 사랑해요
주님 사랑해요
나의 신랑 되신
주님 사랑해요.

4. 개척교회를 돕다

본 교회의 전도사로 섬길 영광스러운 기회를 놓친 것을 아쉬워하며 기도로 마음을 달래고 있는데, 신학교 교수님 중에 신실하다고 인정받는 교수님이 개척을 한다고 하셨습니다.

학교에 다닐 때 그룹으로 성경공부를 배웠기 때문에 친밀한 교수님이었습니다.

'아, 드디어 개척을 하시는구나.'

그냥 이렇게만 생각하고 있는데 연락이 왔습니다.

'개척하시니까 나더러 그 교회로 오라고 하시려나?'

그렇게 생각하고 양재동 횃불회관에서 만나기로 약속을 했습니다. 처음 찾아간 횃불회관의 앞마당에 들어서자 커다란 목자상이 있었습니다. 제가 제일 좋아하는 성화였습니다.

요한복음 10장의 이 글귀가 씌어져 있었습니다.

"나는 선한 목자라 나는 내 양을 알고 양도 나를 아는 것이 아버지께서 나를 아시고 내가 아버지를 아는 것 같으니 나는 양을 위하여 목숨을 버리노라"(요 10:14-15).

그것을 보는 순간 가슴이 울컥했습니다.
'주님! 그래요. 주님은 양들을 위해서 목숨을 버리셨지요. 그런데 저는 양을 위하여 목숨을 버린다고 말할 수는 없어요. 그러나 제가 양을 위해서 목숨을 버린다는 각오로 일을 하겠습니다.'
주님과 마음으로 대화를 나누는 중에 목사님이 오셨습니다.
"내가 개척을 하려고 하는데 사실 그 동안 내가 가르친 제자들이 얼마나 많아요? 그런데 개척을 하려니까 생각나는 사람이 전도사님밖에 없네요."
저와 같이 동역을 하자는 말씀이었습니다.
그런데 저는 별로 마음이 안 가는 것이었습니다. 그래서 귀담아듣지 않고 대답하였습니다.
"그래요? 그러면 기도해 볼게요."
목사님과 헤어지고 나서 생각해 봐도 갈 마음이 하나도 생기지 않았습니다. 그래도 청을 받았는데 가만히 있을 수는 없었습니다.
'3일 금식을 하면서 하나님 쪽에서 나를 내려다보자.'
이렇게 생각하고 금식기도를 시작하였습니다. 그런데 기도 중에 하나님께서 영감을 주시는 것이었습니다.
'네가 나에게 이렇게 기도하지 않았느냐? 네가 원하는 곳에

가는 것이 아니라 내가 원하는, 너를 필요로 하는 곳에 간다고 하지 않았느냐?'

그때 제가 신학 공부를 시작하면서 하나님께 드렸던 기도가 떠올랐습니다.

'하나님, 제가 원하는 곳이 아니라 정말 하나님이 필요한 곳에 저를 세워 주십시오.'

그렇게 기도하고 하나님 편에서 저를 내려다보니 답이 금방 나왔습니다.

'여의도교회는 나 아니어도 섬길 사람이 얼마나 많은가. 나를 저렇게 필요로 하신다니, 내가 설 곳은 개척교회구나.'

저는 세계에서 가장 훌륭하신 조용기 목사님을 섬기고 세계에서 가장 큰 교회를 다닌다는 자부심이 있었습니다. 그래서 개척교회를 우습게 생각했습니다. 지금 생각하면 너무도 부끄럽습니다.

개척하는 목사님의 교회에 합류하였습니다. 인지도도 높은 교수님이니까 목회를 시작하면 순조롭게 잘될 줄 알았는데, 너무 힘들어 하셨습니다. 그러나 저는 정말 기쁨으로 사역을 했습니다. 매일 출근을 하였습니다. 주일이면 꼭두새벽같이 일어나 꽃시장에 가서 꽃을 사서 꽃꽂이까지 했습니다. 그런데 배우지도 않은 꽃꽂이가 해놓고 나면 너무 예뻤습니다. 그때 하나님께서 개척교회를 무척 사랑하신다는 것을 알았습니다.

어려운 중에도 2년 반 정도가 지났습니다. 개척교회가 힘드니까 목사님은 목사님대로 너무 힘이 드셨습니다.

'아무리 힘들어도 목사님이 목회하는 동안에는 평생 같이 해야지.'

이렇게 마음을 먹고 시작했는데 제 가정에도 문제가 생기기 시작했습니다.

5. 가정 문제로 교회를 그만두다

아들이 고등학교에 진학하더니 어느 날 갑자기 학교에 안 가겠다고 하는 것이었습니다. 그 동안에 어떤 기미가 있었다면 그 문제를 놓고 기도라도 했을 텐데, 아무 일 없이 잘 다니다가 갑자기 하는 말이어서 가슴이 덜컥 내려앉았습니다.

"왜? 무슨 일이 있어? 엄마한테 말해 봐."

아무리 물어도 아들은 입을 꾹 다문 채 대답을 하지 않았습니다.

"엄마, 지금 나한테 계속 학교에 가라는 것은 죽으라는 것과 같아요."

그렇게만 말하면서 직접적인 이유를 말해 주지 않는 것이었습니다. 그러니 더 답답하였습니다.

"그러면 어떻게 하려고? 공부를 아주 그만두겠다는 거야?"

"학교는 이제 안 갈 테니까 유학을 보내주든지…."

아들의 태도가 너무나 단호해서 더 이상 말도 붙이기 어려웠습니다. 또 가정에서까지 너무 심하게 닦달을 하면 예민한 시기에 좋지 않은 결과가 올지도 몰라서 조심스러웠습니다.

그때 또 남편에게도 문제가 생겼습니다.

남편 문제에 아들 문제까지 겹치게 되자 저는 일단 섬기던 교회를 그만두기로 하였습니다. 그래서 교회에 말씀을 드렸습니다.

"목사님, 저 한 달 후에 그만두겠습니다."

먼저 우리 가정이 평안해야지 가정을 바로 세우지 못하면 하나님께 아무리 열심을 내도 저의 목회는 실패라는 생각이 들었습니다. 제 가정이 먼저 안정되고 평강을 찾아야 했습니다. 가정이 어지러운데 계속 모른 척할 수가 없었습니다.

목사님께는 죄송했지만 한 달 후에 교회를 그만두었습니다.

그때부터 본격적으로 아들을 위한 기도를 드렸습니다. 그래도 공부를 아주 접겠다는 것이 아니라 유학을 가고 싶다고 하니, 유학을 알아보기 시작했습니다. 그러나 유학도 쉬운 일이 아니었습니다.

아들에게는 유학을 알아봤는데 이러저러한 점으로 어렵겠다고 설명을 해주었습니다. 제가 유학을 위해 동분서주했던 것을 아들도 알고 있었습니다.

"그렇게 어려운데 어떡하지?"

"그럼 할 수 없지요. 그냥 학교에 나갈게요."

처음의 단호했던 태도와는 달리 의외로 수월하게 아들은 다시 학교로 돌아갔습니다.

'후유, 정말 다행이다.'

저는 안도의 한숨을 내쉴 수 있었습니다.

제가 교회를 그만두고 나오자 아들은 다시 학교에 적응을 잘 해서 아들의 문제가 해결되었고 가정이 안정되었습니다.

6.
21일 금식기도를 드리다

가정의 문제가 해결되자 저는 이제 다른 사역지를 놓고 기도했습니다. 매일 청계산 기도원에 가서 사역지를 놓고 기도하는데, 자꾸 개척을 위해 기도가 나오는 것입니다.

제가 부교역자로 가려고만 하면 갈 곳은 있었는데 가고 싶은 마음이 생기지 않았습니다. 그러면서 계속 개척기도를 하는 것입니다.

'하나님, 개척하라시면 저는 하지요. 그렇다면 남편만 변화시켜주세요. 남편만 교회에 나오면 무서울 것이 없습니다.'

그렇게 기도를 하는데 하나님이 또 잠잠하셨습니다.

청계산에서 1년 반 정도를 기도하고 말씀을 보았습니다. 또 말씀에 열린 목사님을 만나 열심히 말씀공부를 했습니다.

그러다 1999년을 지내면서 이런 마음이 들었습니다.

'내가 1976년부터 교회를 다녔는데, 하나님께 너무나 많은 축복을 받았어. 자녀도 남편의 직장 문제에서도 축복을 많이 받았지. 이제 새천년을 맞이해야 하는데 1999년을 보내면서 하

나님께 감사하는 마음으로 그동안 받은 은혜에 감사하면서 금식을 해보자.'

또 2000년 새해에는 개척에 대한 하나님의 행하심이 있을 것 같았습니다.

제가 미리 며칠 금식을 한다고 정할 수는 없었습니다. 10일, 20일 한다고 정했다가 못할 수도 있어서 정하지는 않았습니다. 마음으로는 21일로 정해 놓았는데 선포는 하지 못했습니다.

'하나님, 제가 하루하루 해보겠습니다. 하나님께서 힘주시는 대로 해보겠습니다.'

일단 금식을 21일로 마음먹고 준비를 시작했습니다. 그때 저는 집 근처에 있는 기도원을 섬기고 있었습니다(허영모 목사님). 찬양도 설교도 빠지는 데가 없는 분인데 지금은 어디에서 사역을 하시는지 연락이 끊어졌습니다. 100평이나 되는 지하 기도원이었는데 사람이 오지를 않는 어려운 기도원이었습니다. 그곳에서 매일 기도하며 어려운 목사님을 섬겼습니다.

마침 기도원에서 40일 금식하고 내려오신 목사님께서 철저한 사전 준비(장청소와 구충제 복용 등)와 보식에 대한 지식까지 자세히 알려 주셨습니다.

드디어 금식을 시작했는데, 하루 자고 나면 영이 맑고, 몸이 가뿐하게 일어나는 것입니다. 21일을 몸의 기력은 없는데 아침에 일어나면 몸이 가뿐한 것을 체험하며 보냈습니다.

금식하며 기도하기를, '하나님, 개척을 하라구요? 그러면 능력을 주세요.' 하고 응답을 구했습니다. 그런데 하나님의 응답은 달랐습니다.

금식 21일째 되는 날, '이같이 하나님이 하루하루를 붙잡아 주시는데 무슨 능력이 필요한가? 하나님 자신이 능력이신데 무엇을 구하는가?' 하는 생각이 들었습니다. 그래서 제 기도가 바뀌게 되었습니다.

'주님 한 분이면 됩니다. 주님만 함께하시면 충분합니다. 주님만 의지합니다.'

저는 이렇게 고백했습니다.

저는 집에서 여느 때처럼 살림을 다 하고 가족의 밥을 다 해주면서 21일을 금식했습니다. 11월 1일에 금식을 시작하여 21일을 마치고 나니까 12월도 금세 지나가 버렸습니다.

❋ 1999년 11월 5일 금요일 금식 닷새째

할렐루야.

금식의 감동을 주시고 금식할 수 있는 능력을 주신 하나님, 감사합니다. 오늘이 5일째인데 아주 편안합니다.

원하옵기는 21일 금식을 무사히 마치게 하시고 보식도 철저히 할 수 있도록 도와주세요. 그리하여서 몸도 10년은 젊어지게 하시고 이전보다 더욱더 건강하게 하소서.

금식을 통하여 소명이 더 확실해지게 하시고, 말씀에 눈이 떠지고 남편을 변화시켜 주시고 말씀의 능력자 되게 하소서.

❋ 1999년 11월 7일 주일 금식 이레째

할렐루야!
금식 7일째 눈을 떴습니다.
몸은 상쾌하고 가볍습니다.
이같이 저의 금식을 지켜주시고 돌봐주시니 감사합니다. 주님 앞에 감사와 찬송과 영광을 돌릴 뿐이옵니다.
주님!
저는 주님 뜻대로만 목회하기 원합니다. 모세를 지시하심같이 저를 지도하시고 나갈 길을 지시하소서.
오직 그 지시하심대로만 행하겠나이다.

❋ 1999년 11월 12일 금요일 금식 열이틀째

하루하루 금식을 지켜주시는 하나님 감사합니다.
제가 금식을 하는 것이 아니라 하나님께서 저의 금식을 이끌어 가심을 느낍니다.
부족한 것을 쓰시고자 금식까지 시키시는 것을 감사드립니다.

원하옵기는 주님 손에 강권적으로 붙잡혀 쓰임받기 원합니다.

개척의 때와 장소를 주님 지시하소서.

개척에 필요한 일꾼들은 보내주소서.

개척에 필요한 물질도 부어주소서.

❄ 1999년 11월 21일 주일 금식 스무하루째

♪ 주님 나를 부르셨으니
　주님 나를 부르셨으니
　이 몸 다 바쳐
　이 몸 다 바쳐
　주의 일을 하렵니다. ♪

오늘이 21일째 금식이 끝나는 날입니다.

주님께서 첫날부터 오늘까지 시간시간 지켜주심을 감사합니다. 이제 하루하루 보식도 주님, 지켜주세요.

시

하나님

— 1996. 2. 2

나의 사랑하는 하나님
하나님의 이름은 어찌 그리 사랑스러운지요
하나님의 이름은 어찌 그리 포근한지요

하나님의 이름은 우리를 한없이
평화롭게 합니다

하나님의 이름은 우리에게 한없이
위로를 주십니다

하나님의 이름은 우리에게 한없는
소망을 주십니다

하나님의 이름은 우리에게 한없는
힘을 주십니다

딸아! 정말 네가 나를
그렇게 사랑하느냐?

네, 그래요, 하나님
제가 하나님을 얼마나 사랑하는지
하나님이 더 잘 아시잖아요.

시   　　　주 님

― 2011. 2. 12

주님!
나는 언제나 성숙한 모습을 보여드리게 될까요

주님!
나는 언제나 나 자신을 다 내려놓게 될까요
다 내려놓았다 생각하면 또 제자리

날마다 날마다 주를 위해 산다고 하면서도
너무나 부족한 나를
바라보게 됩니다

주님!
나 스스로 아무것도 할 수 없음을 고백합니다

주님!
도와주시고 이끌어 주소서.

제4장
오직 순종, 교회를 개척하다

1. 엘림교회를 창립하다

그때 개척하기 전에 저는 우리 집 근처에 있는 기도원을 섬겼습니다. 남자 목사님이 건물 지하층에 기도원을 세운 것입니다. 젊은 목사님이 찬양도 잘하시고 설교도 잘하시고 기도도 잘하셨습니다. 그분도 40일을 금식을 하고 기도원을 세웠는데 도무지 사람이 오지 않는 것이었습니다.

저는 열심히 기도원에 가서 섬겼습니다. 나 역시 개척할 사람이지만, 개척을 위해 자금을 마련하지 않고 어려운 기도원을 힘껏 섬겼습니다. 오늘날에도 개척교회 목사님은 끼니를 걱정해야 된다는 것을 그때 알았습니다. 너무 마음이 아팠습니다. 지금도 개척교회 남자 목사님들을 보면 안쓰러운 마음이 듭니다. 힘이 되면 돕고 싶은데 아직은 마음뿐입니다.

그런데 2000년이 되자 그 목사님이 다른 곳으로 청빙을 받아 가셨습니다. 가시면서 제게 말씀하시는 것이었습니다.

"박 전도사가 1월 1일부터 주일예배를 이 기도원에서 드리세요."

하나님은 또 저보다 앞서 행하시고 예비하셨습니다.

그래서 얼떨결에 기도원 교회에서 주일예배를 드리게 되었습니다. 예전부터 제가 교회 이름을 지어 둔 것이 있었습니다.

"나중에 교회를 세우면 이름을 '엘림교회'로 해야지."

나도 모르게 어느 날 제 입에서 이렇게 말하는 것입니다.

"엘림교회?"

저는 성경을 찾아보았습니다.

"그들이 엘림에 이르니 거기에 물 샘 열둘과 종려나무 일흔 그루가 있는지라 거기서 그들이 그 물 곁에 장막을 치니라"(출 15:27).

출애굽기 15장에 나오는 '엘림'이 너무 제 마음에 들었습니다. 그래서 교회를 엘림교회라고 이름 짓고, 엘림교회의 이름으로 예배를 드렸습니다.

'그래, 광야 같은 이 세상에서 오아시스 같은 교회가 되어 보자.'

두세 가정이 두 달 정도 예배를 드리고 있는데, 목사님이 이제 교회를 정리해야 되겠다고 하셨습니다.

'그럼 나는 어쩌지? 집으로 들어가기도 그렇고….'

조금 당황스러웠지만 목사님의 상황이 그러시니 다른 방도를 찾아야 했습니다.

"네, 그럼 저도 교회를 알아봐야겠네요."

당시 저는 물질도, 사람도 준비가 안 되어 있었습니다. 그저 하라니까 순종하는 것뿐이었습니다.

'우리 동네는 어느 정도면 교회를 얻을 수 있을까? 알아나 봐야겠구나.'

하는 마음으로 동네를 한 바퀴 돌고 저희 옆집 건물 지하를 기웃거리고 있는데, 마침 그 건물 집주인이 지나가다가 보고 물었습니다.

"왜 그래?"

"교회를 하려고 하는데 여기는 뭐하던 데예요?"

집주인은 제 말에는 대답하지도 않고 바로 말했습니다.

"그럼 거기다 교회 해. 월세를 안 내서 내보내려고 해."

"몇 평인데요?"

지하는 30평이 못되는데 오랫동안 식당을 하던 자리였습니다. 제 생각에는 너무 작은 것 같았습니다.

'아무리 작아도 교회인데 한 40평은 되어야 하지 않을까?'

그래서 내부는 볼 생각도 하지 않았습니다.

"너무 작아서 안 되겠어."

집주인에게 말하고 저는 그냥 집으로 돌아왔습니다. 그런데 자꾸 내부를 한번 보고 싶어지는 것입니다.

'이제 시작인데…, 시작부터 큰 장소가 필요할까? 개척하다가 하나님께서 부흥을 주시면 다시 넓은 데로 옮기면 되지. 다시

한 번 가서 내부를 봐야겠다.'

저는 집주인에게 건물 지하의 내부를 한 번 보고 싶다고 하고 가 보았습니다.

지하실은 원래 식당을 하는 장소였는데 보니까 깜깜하고 엉망이었습니다. 30평이라고 했는데 실제로 보니까 그다지 좁아 보이지는 않았습니다.

'이 정도면 됐지, 무슨 40평이야? 이 정도면 충분해.'

저는 그 장소를 계약하고 싶은 마음이 들었습니다. 그런데 마음이 걸리는 것이 바로 세입자였습니다.

'월세를 못 내서 쫓겨 나가는 건데 이 가족은 무슨 대책이 있을까? 빈손으로 이 가족이 어디로 가나?'

세입자 문제가 해결되지 않으면 교회를 할 수 없습니다. 주인은 일단 계약을 하고서, 계약서를 보여주면서 나가라고 한다는 것입니다.

저는 일단 계약을 하고, 세입자를 위한 기도를 시작했습니다.

일단 계약을 하였으니 자금이 문제였습니다. 그래서 세입자와 개척자금을 위해 기도했습니다. 그런데 세입자가 지인의 도움으로 서울을 떠나 하남 쪽으로 이사를 가게 되었다는 것입니다. 할렐루야!

2. 교회를 꾸미다

이제 세입자가 나간 그곳을 교회로 꾸미는 일이 시작되었습니다. 교회를 개척하는 사람이 저니까 모든 일을 제가 다 알아서 해야 했습니다.

저는 막내로 자라서 주도적으로 무슨 일을 해보지 않았습니다. 결혼을 해서도 집안 대소사 모든 일을 남편이 다 알아서 하니까 저는 걱정이 없었습니다. 집안에서 살림하고 아기만 키웠기 때문에 아는 것도 별로 없었습니다. 아는 사람은 교인들뿐이었습니다.

남편은 제가 개척을 한다고 하니, 하든지 말든지 방관하는 상태니까 도움을 청할 수 없는 입장이었습니다. 그때까지도 믿음이 없는 남편….

직접 교회의 인테리어를 알아보니까 너무나 비쌌습니다. 당시 들어간 교회는 보증금 1,000만원에 월세 40만원이었습니다.

개척자금도 하나님이 준비해 주셨습니다. 당시 1,500만원이 제 손에 들어왔습니다. 보증금을 내고 남은 돈이 500만원인데,

인테리어 전문가를 부르니까 1,000만원, 2,000만원 등 너무 비싸서 엄두를 내지 못할 지경이었습니다.

'아, 어렵게 세입자도 나가서 예배를 곧 드릴 줄 알았는데…. 어쩌지?'

너무 실망하여 제가 코를 쑥 빠뜨리고 있으니까 불쌍했는지 남편이 잘 아는 사람을 보내주었습니다. 고맙게도 그 사람이 인테리어 꾸미는 것을 해주었는데 재료값만을 받아서 너무 고마웠습니다. 지금까지도 교회의 일이 있으면 그 사장님을 부릅니다.

'하나님, 감사합니다! 하나님께서 도와주셨습니다! 무관심한 것 같아도 남편을 통하여 이루시네요.'

저는 성전 안의 인테리어가 이루어지는 과정에서 큰 은혜를 받았습니다.

이번에는 장의자를 구입해야 했습니다. 사람들이 많은 충고를 해주었습니다.

"새 것으로 사지 말고 중고로 사세요."

제 귀가 솔깃했습니다.

'아, 그래. 그러면 되겠다. 돈도 없는데 중고를 사지, 뭐.'

내부공사가 마무리되자 중고 가게로 장의자를 사러 갔는데, 물건을 보니 너무 마음에 들지 않았습니다.

'하나님께 예배드리는 존귀한 성도들이 앉을 의자인데…. 거룩한 성도들이 앉을 자리인데….'

장의자가 너무 낡고 많이 훼손되어 사고 싶은 생각이 깡그리

없어서지면서 너무 속이 상했습니다.

상한 마음으로 오빠 목사님한테 갔습니다.

"오빠, 교회 장의자를 중고로 보러 갔는데, 하나도 마음에 안 들어서…."

개척하면서 누구에게도 도움을 요청하지 않았는데 처음으로 오빠 목사님께 속상하다고 푸념을 했습니다.

계속 투덜투덜했습니다. 그래도 오빠한테는 손을 벌릴 수가 없었습니다. 오빠는 남양주에서 신 소망원을 운영하고 계셨습니다. 장애자들을 친자식같이 사랑으로 돌보고 계셨습니다.

▼ 엘림교회 창립예배

집에 돌아와서도 속상한 마음이 안 풀려서 하나님께 기도를 했습니다. 그런데 기도를 하니 하나님이 '그것도 흡족하다.' 하시는 영감을 주시는 것이었습니다. 저는 감동을 받았습니다.

'아버지, 그러십니까!'

저는 다시 중고 가게로 가서 장의자를 사 왔습니다.

'하나님 아버지께서 괜찮다고 하시는데 제 생각이 무슨 상관입니까.'

마음이 편안해졌는데 오빠 목사님한테 연락이 왔습니다. 아무래도 제가 마음에 걸렸던 모양입니다.

"교회 장의자를 내가 새 것으로 해줄게."

"아니에요, 오빠. 하나님이 이것도 좋으시대요. 그러면 오빠는 다른 것 해줘요."

"그래. 그럼 뭐 해줄까?"

오빠 목사님은 교회의 음향기기를 해주셨습니다. 여러 분의 도움의 손길로 성전이 거의 아름답고 깔끔하게 다 꾸며졌습니다.

저는 개척기도를 시작하면서도 두려운 것이 하나도 없었습니다.

'하나님, 제 남편만 변화시켜 주세요. 그러면 저는 겁날 것이 하나도 없어요. 남편만 교회 나오게 해주세요.'

이렇게 기도하는데 하나님께서 감동을 주시는 것이었습니다.

'네가 여기까지 오는데 누구 때문에 왔느냐? 네가 누구 때문에 신학교에 다니고 여기까지 왔느냐? 바로 네 남편 때문에 여기까지 온 것이다.'

저는 또 펑펑 울며 회개하였습니다.

제가 전도사의 일을 하느라고 아침 일찍 나가면 혼자 소파에 길게 누워 있는 외로운 남편의 모습이 보이는 것이었습니다. 그래서 저는 하나님께 회개의 기도를 드렸습니다.

'하나님, 제가 잘못했습니다. 저는 항상 남편이 제 발목을 잡는다고 생각했는데 그렇군요. 그렇습니다.'

회개를 하고 있는데 제게 다른 심각한 문제가 생겼습니다. 외부적인 문제가 아니라 제 마음속에서 생긴 문제였습니다.

개척에 대한 엄청난 부담이 제게 엄습해 오는 것입니다.

우리 교회 바로 앞에 큰 교회가 있습니다. 보통 때는 그렇게 크게 보이지 않았는데 어느 날인가부터 앞의 교회가 엄청난 교회로 보이는 것입니다. 그리고 큰 교회가 보이니까 마음이 무겁고 걱정이 되었습니다.

'아, 나는 왜 하나님께 안한다고 떼도 한 번 안 써보고 덜컥 시작을 한다고 하였나? 바로 코앞에 저렇게 큰 교회가 있는데, 누가 지하 개척교회로 올까?'

겁이 와락 났습니다.

감당할 수 없는 공포가 몰아닥쳤습니다.

'아, 내가 마귀에게 눌렸구나!'

그 순간 깨닫고 기도하기 시작했습니다.

'하나님, 물리쳐 주세요. 제가 마귀에게 눌렸습니다.'

아무리 기도를 해도 두려움이 사라지지 않는 것이었습니다. 다리에 힘이 빠져서 계단도 올라가지 못하고 밥이 넘어가지 않는 것입니다. 밤에는 잠을 이룰 수조차 없었습니다.

'이래서는 교회를 할 수 없겠구나.'

낙심이 오면서 자신감이 없어졌습니다. 개척하지 않고 교회에 다니는 사람들이 미운 생각까지 들었습니다.

'나는 어찌하다 개척까지 하게 되었나?'

나중에는 신세한탄까지 나오며 죽는 것이 제일 편하다는 생각까지 들었습니다.

▼ 엘림교회 창립예배

'하나님, 오직 하나님께 순종하여 신학 공부를 하고 여기까지 왔습니다. 지금 앞장서서 펄펄 뛰어도 모자라는 형편인데 제가 이러면 어떻게 개척교회를 해 나가겠습니까? 저는 못 하겠습니다.'

도저히 자신이 없어진 저는 교회가 없는 동기 목사를 불렀습니다.

"저는 여기까지인가 봐요. 이대로 넘겨줄 테니 기도해 보시고 연락을 주세요. 여기서 한번 해보세요."

얘기를 나누고 헤어졌습니다.

며칠 후에 목사님께서 한번 해보겠다는 연락이 왔습니다.

3. 설교하며 힘을 얻다

신기하게도 저는 힘이 빠져 있다가도 주일날 설교를 하면 힘을 주셨습니다. 그날도 별 준비 없이(집에서 예배드림) 설교를 하는데, 내가 사는 길은 교회를 그만두는 것이 아니라 교회를 하는 것이라는 생각이 들었습니다.

그래서 다시 마음을 바꾸어 그 목사님에게 전화를 드렸습니다.

"목사님, 죄송해요. 아무래도 제가 해야 할 것 같아요."

정말 미안하고 죄송스러웠습니다.

"네, 알겠습니다."

교회를 제가 하기로 하고 새벽기도 때 성경책을 딱 펼치는데 신명기 2장 25절이 눈에 들어왔습니다.

"오늘부터 내가 천하 만민이 너를 무서워하며 너를 두려워하게 하리니 그들이 네 명성을 듣고 떨며 너로 말미암아 근심하리라 하셨느니라"(신 2:25).

그 말씀이 눈에 들어오는 순간, 다시 힘이 나고 심령의 회복이 이루어졌습니다.

그 날 이후로 지금까지 교회를 해오면서 후회하거나 그만둬야겠다는 생각은 한 번도 들지 않았습니다. 나는 다시 태어나도 목사가 된다고 말합니다. 개척교회를 한다고 말합니다.

하나님의 일을 하면서 힘이 들지 않을 수는 없습니다. 그리고 또 힘이 드는 것이 당연합니다. 그렇지만 하나님을 위해 일하다가 힘이 들고 고통스러운 것은 오히려 감사하고 즐거운 일이라 생각합니다. 그런 마음으로 오늘까지 왔습니다. 원수의 목전에서 상을 베푸시는 주님을 바라보며….

지난 세월을 생각하면 눈물이 앞을 가립니다. 정든 성도가 어떠한 이유에서든지 교회를 떠나면 항상 기도해서 보냅니다. 그리고 교회를 떠난 후에도 더욱 가까이 지내고자 합니다. 그러나 떠나보내는 담임목사의 마음은 찢어지듯 아픕니다.

4.
전도사님이 합류하다

제가 교회를 개척한다고 하니 한 가정이 교회에 나왔습니다. 그리고 신학교를 나온 전도사님이 와서 같이 시작했습니다. 그래서 세 가정이 예배를 드리기 시작했습니다.

한 동네에 사는 전도사님은 같이 신앙생활을 한 선배님이었는데 신학을 나와서 10년 정도 전도사 생활을 하시고 은퇴하셨습니다. 은퇴를 했지만 봉사하실 수는 있으니까 적당한 곳을 찾았지만 그것도 쉽지 않다고 합니다.

교역자가 부족한 교회에 가서 봉사를 하고 싶었지만, 별로 반가워하지 않고 부담스러워한다는 것입니다.

그러던 중 제가 개척을 한다고 하니 저를 돕겠다고 오셨습니다. 정말 제 목회에 가장 힘이 되어 주시는 분입니다. 저보다 선배임에도 제가 하는 일에 순종하시면서 묵묵히 10년을 하루같이 동역하고 있습니다.

시   아! 내가 목사가 되다니…

— 2002. 1. 18

당신은 언제까지 저의 마음을 설레게 하시렵니까

주님! 오늘 목사 논문을 제출하고 왔습니다
논문을 손에 들고 가면서 내내 당신을 생각했습니다
그런데 왜 코끝이 찡하고 눈물이 흐릅니까
당신의 사랑을 생각할 때마다 가슴이 뭉클합니다

대학원에 다닐 때 동기들이 말하기를
"대학원에 온 사람은 다 개척이야."
말해도 "나는 아니야." 했는데
주께서 개척하게 하셨고
목사 되게 하시니 진심으로 감사합니다.

이제까지 주님께서 이끌어 오셨음을 감사드립니다
앞으로는 더욱더 주님 기뻐하시는 길로만 가기 원합니다
이제까지는 준비기간이요
앞으로는 크게 쓰임받기 원합니다
쓰임받되 내가 하지 않기를 원합니다

오직 성령께서 종의 입술을 통하여 말씀하시고
종의 손길을 통하여 역사하소서
종은 오로지 주님의 뜻만 따라 행하고자 합니다
나의 마음을 항상 설레게 하시는
주님과 함께 멋있는 목회를 하기 원합니다
성령님! 한번 해 봅시다
주님 부르시는 그날까지….

◀▼ 목사 안수

하나님이 계셨기에

하나님이 계셨기에
나의 삶은 아름다웠고

하나님이 계셨기에
나의 삶은 행복했고

하나님이 계셨기에
나의 삶은 후회가 없고

하나님이 계셨기에
나의 삶은 평안했고

하나님이 계셨기에
나의 삶은
오늘도 살 만한 세상이라고
고백합니다.

시   용 서

— 1996. 4. 26

주님! 오늘 저는 용서의 주님을
　　　만났습니다
주님! 오늘 저는 우리 연약함을
　　　아시고 도우시는 하나님을
　　　만났습니다
주님! 저는 주님 앞에 겸손히 엎드립니다
　　　이제 저는 주님 앞에 내놓을 것이
　　　아무것도 없습니다
　　　나만이 성결한 양
　　　자만하고 오만하던 모든 것을
　　　주님 앞에 내려놓고 겸손히
　　　주님 앞에 엎드립니다
　　　다만 주님의 시키심에 명령하심에 순종하고
　　　따르기만을 원하옵나이다.

자기를 바라는 자들에게

— 히브리서 9장 28절

죄와 상관없이 자기를 바라는 자들에게
두 번째 나타나시리라

자기를 바라는 자에게 나타나시기를 원하시는 주님!

추악하고 더럽고 못났음에도 불구하고
주님은 우리와 함께하시기를 원하신다
하지만 미련한 인생들이 하나님을 멀리하고
자기중심적인 삶을 살아가는 일이 얼마나 많은가
우상에게는 있는 것, 없는 것 다 바치며
구원의 손길을 요구하지만 대답 없는 외침이요
멸망의 길임에도 불구하고 말이다

그러나 우리 주님은 어떠하신가
값없이 대가 없이 당신을 인정하는 자와 함께하시며
구원의 길과 축복의 길을 활짝 열어 놓고 계시지 않은가
이 같은 주님을 발견하고
그 품에 안긴 자마다 복 있는 자들이요

세상 모든 것이 그들을 위해 존재한다는
놀라운 사실 앞에 감격하지 않을 수 없을 것이다

주님!
이름만 불러도 입가에 미소가 깃들며
생각만 하여도 가슴이 꽉 차는 듯한
주님의 이름입니다

주님은 어느 날 나에게 다가오시어
나의 마음에 큰 파문을 일으키셨습니다
호수 안에 살던 고기가
넓고넓은 바다를 만났듯이
처음에는 파도에 놀라 허우적거렸지만
주님이 손을 잡고 같이 헤엄치며 훈련하셨기에
이제는 거친 파도도 두려워하지 않는
건강하고 씩씩한 한 마리의 물고기가 되어
바다를 헤엄치고 있습니다

한없이 다가오는 새로운 세계에
때로는 두려움으로 때로는 부푼 기대감으로
헤엄치고 있습니다

언젠가는 이 헤엄이 끝날 때가 있겠지요
그때는 아마 주님 품에서 가쁜 숨을 고르며
안식을 취하고 있을 것입니다.

주 님

주님은
나의 영원한 사랑입니다

주님은
나의 동반자입니다

주님은
나의 영원한 안내자입니다

나는
주님의 영원한 사랑입니다

나는
주님의 영원한 동반자입니다

나는
주님의 영원한 종입니다

지금도 주님을 생각하면
눈물이 핑 돕니다
지금도 주님을 생각하면
가슴이 설레입니다
지금도 주님을 생각하면
어린애가 됩니다

주님 앞에
한없이 어리광을 부리고 싶은
철없는 어린애 말입니다.

5.
퇴직 후 사업을
원하는 남편

남편이 공무원을 정년퇴직 한 후, 이리저리 궁리를 하더니 사업을 하겠다고 하였습니다.

제가 보니 어떤 분이 전통 찻집을 하라고 꾀는 것 같았습니다. 제 생각에는 남편이 주도하여 찻집을 하는 데는 한계가 있고 쉽지 않을 것 같았습니다. 저도 전도사로서 하나님의 일을 해야 했기 때문에 팔을 걷어붙이고 가게를 도울 입장도 아니었습니다.

"여보, 당신이 사업을 시작해도 나는 관여를 못해요."

그런데 남편이 너무 쉽게 말하는 것이었습니다.

"응, 당신은 관여 안해도 돼. 사람을 두고 하면 되지."

그래서 저도 처음에는 긍정적인 쪽으로 생각해 보았습니다.

'잘 안 되어도 경험을 쌓게 되니까 해보는 것도 나쁘지 않을 것 같구나.'

또 처음으로 한다는 사업인데 굳이 반대하고 싶지도 않았습니다.

"그럼 한 번 해보세요. 혹시 실패한다 해도 괜찮으니 부담 갖지 말고 해보세요."

남편도 내 태도에 기뻐하며 좋아하였습니다.

그런데 장소를 계약하고 돌아왔는데 제 마음에 영 기쁘지가 않은 것입니다. 아무리 기도를 하고 하나님의 응답을 구해도 마음이 불안하고 답답하기만 했습니다.

'하나님의 뜻이 아닌가 보다. 이래서는 안 되지.'

저는 남편에게 말했습니다.

"그 찻집 하지 마세요. 아무리 기도를 해도 마음이 답답하고 하나님이 기뻐하시지 않는 것 같아요."

남편은 언짢은 표정으로 말했습니다.

"시작도 하기 전에 재수 없게 왜 그래?"

저도 하나님의 뜻이 아니라는 것을 알았기 때문에 물러설 수 없었습니다.

"여보, 나 그냥 보통 사람으로 보지 말아요."

특별한 경우에는 하나님께서 단호함을 주십니다. 제 목소리가 엄해졌습니다.

"나를 그냥 마누라로 보지 말아요. 나는 하나님의 사람이에요. 나는 하나님을 모시고 있고, 하나님의 사람이니까 내 말을 그냥 듣지 말아요."

남편은 제 말을 듣고 깨끗이 포기했습니다. 제 말에 겉으로는 화를 냈지만 내심 불안했던 모양입니다. 만약에 했다면 분명히 실패했을 것입니다.

그다음에도 우리 동네에 상가를 분양하는데 또 한 번 남편이 나섰습니다.

"분양을 받아서 액세서리 가게를 해봐야겠어."

"여보, 나는 못 도와요."

"걱정하지 마. 점원을 두고 하면 돼."

남편이 하고 싶은 생각이 너무 강한 것 같아서 그냥 두고 볼 생각이었습니다. 제가 너무 사사건건 반대만 하는 것도 남편의 마음을 다치게 할 것 같았습니다.

그래서 계약금을 주고 계약을 했는데 아무리 기도하고 생각해도 도저히 아닌 것입니다. 그래서 남편에게 간곡히 청하고 상의하여 계약을 해지하고 계약금을 돌려받았습니다.

그 후 그 상가는 너무나 장사가 안 되어 상가를 분양받은 사람들도 큰 손해를 보게 되었습니다.

무모한 사업에서 지켜주신 하나님께 감사드립니다.

6.
자녀의 축복

저의 삼남매(1남 2녀)는 순탄하게 잘 자라 주었습니다. 하나님의 은혜로 크게 아픈 곳 없이 말썽 없이 잘 자라 주었습니다.

▼ 가족과 함께

큰딸은 딸도 없는 외아들에게 시집가서 아들만 둘을 낳았습니다. 그중에 큰손주는 초등학교 3학년(국제학교)인데 미술에 뛰어난 재능을 보여, '바다를 건너간 낙타'라는 동화책의 삽화를 담당하여 그리기까지 했습니다. '꼬마 화가'라는 칭호를 듣고 있습니다.

둘째 딸은 고등학교에 들어가면서부터 과학자가 되겠다고 했습니다. 아인슈타인의 얼굴을 대문짝만하게 방문에 걸어놓곤 했습니다. 고3 때 딸이 내게 말했습니다.

"엄마, 나 천문학과에 가고 싶은데요. 천문학과가 서울대와 연세대밖에 없는데요. 자신은 없지만 재수를 하더라도 연대에 지원해 보려구요. 엄마, 나 재수해도 괜찮겠어요?"

"그럼. 네가 하고 싶은 것을 하겠다는데…. 재수해도 괜찮으니 응시해 보렴."

그때는 본고사를 치를 때라서 시험 당일, 딸은 시험을 치르고 저는 시험을 보는 내내 여리고를 돌 듯이 고사장을 뱅뱅 돌며 기도를 드렸습니다. 결과는 1차에 합격하여 연대 천문학과를 가게 되었습니다.

대학 4년을 졸업하고 바로 유학을 가려 하는데 길이 열리지 않는 것입니다. 문제는 대학 4년을 나왔지만 영어가 달리는 것이었습니다. 그래서 영국으로 영어연수를 1년간 또 어렵게 고생하며 다녀왔습니다.

그래도 유학길은 쉽게 열리지 않았습니다. 그러다 미국 애리

조나 주립대학에 유학의 길이 열렸습니다. 학비 장학금에 생활비까지 지원을 받게 되었습니다. 우리 형편으로는 상상할 수도 없는 유학비를 하나님이 마련해 주신 것입니다.

그전에 유학길이 열리지 않아 애를 태우고 있을 때, 딸애가 말했습니다.

"엄마, 나 꿈을 꾸었는데요. 그 꿈이 너무 신기해요."

"어떤 꿈인데…?"

별 관측을 자주 가는 아이라서 그런지 꿈에 하늘을 바라보는데, 온통 붉게 물든 하늘에서 뭉게뭉게 피어오른 뭉게구름이 불새가 되어 자기에게 날아왔다는 것입니다.

"그래, 그건 태몽꿈 같은데 누구 태몽일까?"

그런데 피닉스에 있는 애리조나 주립대에 가서 보니 그곳의 상징새가 불새더라는 것입니다.

우리는 하나님의 예비하시고 인도하심에 다시 한 번 감탄을 했습니다.

"기록된 바 하나님이 자기를 사랑하는 자들을 위하여 예비하신 모든 것은 눈으로 보지 못하고 귀로 듣지 못하고 사람의 마음으로 생각하지도 못하였다 함과 같으니라"(고전 2:9).

유학이 쉽게 되지 않아 마음고생을 하였지만 주님은 뜻이 있으셨던 것입니다. 학교에 가서 보니 그동안 영국에서 영어연수를 한 것이 아주 유용하게 쓰임을 받더라는 것입니다.

영어 실력이 어느 정도 되니까 들어가서부터 학생들에게 강의를 하게 되었고, 어려운 강의도 쉽게 듣고 이해할 수 있었던 것입니다.

"예수 그리스도는 어제나 오늘이나 영원토록 동일하시니라"(히 13:8).

7. 쉽지 않은 박사학위 (찬양으로 승리)

둘째 딸의 박사과정은 기본이 6년이었습니다. 그동안 딸은 한인교회를 열심히 섬기며 성가대로 봉사하고 있었습니다. 성가대 봉사는 어려서부터 중등부·고등부·대학부·장년부에 이르기까지 봉사하였습니다.

그런데 졸업이 1년, 2년 미루어지니 공부하는 본인도 힘이 들겠지만 뒷바라지하는 저도 힘이 들었습니다. 결혼도 늦어지고….

그러나 저는 학위를 받기 전에는 결혼은 생각하지 말고 공부에만 전념하라고 했습니다. 왜냐하면 결혼을 하고 학위를 딴다는 것은 불가능하다고 생각했기 때문입니다.

"늦게 가도 괜찮아. 얼마든지 좋은 사람한테 갈 수 있어."
하고 위안을 주었습니다.

그런데 2012년이 되면서 '올해는 꼭 학위를 받고 졸업을 해야 되는데….' 하는 생각으로 저는 찬양기도를 작정하게 되었습니다.

'기도를 작정하는 것도 좋지만 찬양을 한 시간씩 작정하고 해 보자.'

40일이 지나 또 40일을 계속했습니다.

그런데 6월에 미국에서 딸이 응급실에 있다고 전화가 왔습니다. 처음에는 놀랐지만 당황하지 않았습니다. 바로 퇴원했다고 하더니 며칠 있다가 또 응급실에 실려 가서 피를 수혈하고 있다는 것입니다. 적혈구의 수치가 갑자기 뚝 떨어졌는데 원인을 모르겠다는 것입니다.

한데 예비하시는 하나님은 때마침 큰딸이 동생을 보러 가겠다고 한 달 전에 비행기를 예약해 놓은 상태였습니다. 그래서 큰딸이 들어가게 되었습니다.

저는 아픈 딸을 위해 할 수 있는 일이 하나도 없었습니다. 계속 한 시간씩 찬양을 드렸습니다. 여호사밧왕이 전쟁을 앞두고 찬양대를 조직하여 찬양을 하였듯이, 저는 기도보다는 찬양을 한없이 드렸습니다. 사실 먼 데 있는 딸을 위해 제가 할 수 있는 일은 아무것도 없었습니다. 오직 찬양의 고백을 올려드렸습니다.

저는 종종 말합니다. 2012년은 나에게 여러 가지로 가장 힘든 해였지만 반면에 하나님을 가장 많이 찬양한 한 해였다고….

딸은 정상으로 회복되어 갔습니다. 그런데 병원에서 아무리 정밀검사를 해도 모든 것이 정상이라는 것입니다. 딸은 지금은 완전히 회복되어 건강하게 잘 지내고 있습니다.

그리고 지난 2012년 12월 19일 천문우주학 박사학위를 받고 졸업을 하였습니다. 졸업식에 참석하여 하나님께 감사드리고 딸아이와 아주 좋은 시간을 보내고 왔습니다. 모두가 하나님의 도우심입니다.

8.
하나님이
강제로 주신 아들

저는 우리 아들을 하나님이 강제로 주셨다고 말합니다. 그런데 이 아들이 공부에 별 관심이 없는 것입니다. 말썽을 부리거나 학교에 가지 않거나 하는 것도 아니고, 착실히 학교에 잘 다니는데 공부를 잘하지 못했습니다.

사실 저는 아들이 공부를 못한다고 생각지 않고 있었습니다. 그런데 중3 때 선생님께 갔는데 고등학교를 못 갈 것 같다는 것입니다. 저는 어이가 없었지만 아들을 나무라지는 않았습니다. 그런 저에게 누나들은 엄마 때문에 애를 버린다고 비난을 했습니다.

그럴 때마다 저는 이렇게 말하곤 했습니다.

"그냥 두어라. 공부를 못하더라도 자기가 하고 싶은 일을 하면 되지. 남자는 평생 직업을 가지고 사는데 하기 싫은 일에 매달리면 불행하지 않느냐. 공부를 못해도 자기가 할 일이 있을 테니까 그냥 두어라."

제 말에 누나들은 엄마가 아들 편만 든다고 불만을 터뜨렸습니다. 그러나 저는 아들을 붙잡고 말했습니다.

"아들아, 남자가 고등학교는 나와야지. 고등학교를 못 가면 어떡하겠니."

아들은 "알았어요." 하더니 공부를 하기 시작했습니다. 안하던 녀석이 공부를 하니 성적이 쑥쑥 올라가서 휘문고등학교를 넉넉히 들어갔습니다. 머리는 좋은 듯합니다.

그런데 고등학교에 들어가서 또 공부는 별로 하는 것 같지 않았습니다. 머리에 노랗게 물을 들이고 다니니 남편은 아들만 보면 야단은 치지 못하고 저에게만 못마땅하다는 듯이 말합니다.

"그냥 두세요. 그것도 한때지 나중에 철이 들면 하라고 해도 하지 않을 겁니다."

그러면서 제 손으로 노랑 물을 들여주곤 하였습니다. 지금은 하라고 해도 하지 않습니다.

아들이 고3이 되자 대학 문제가 코앞에 닥쳤습니다.

"너, 대학은 무슨 학과 갈래?"

"관광학과요."

"그래, 그거 좋겠다. 여러 곳을 다니며 구경도 하고…."

학교에서 또 학부모를 불러서 갔습니다. 선생님께 저는 이렇게 말씀드렸습니다.

"선생님, 저는 '대'자 붙은 데만 가면 돼요. 지방대도 괜찮습니다."

선생님의 대답은 제 기대를 무너뜨렸습니다.

"이 성적으로는 지방도 못 갑니다. 그리고 머리에 노랑물을 들이고 다니는 놈은 이놈밖에 없습니다."
그래도 집에서는 순하고 착하디착한 아들인데….
집에 돌아와서 아들에게 또 간곡히 말했습니다.
"그래도 요즘 세상에 대학은 나와야 되지 않겠니?"
"엄마, 그런데 저는 지방대학은 안 갈래요."
"왜? 지방대라도 가야지. 안 그럼 공부를 해야지. 그래야 집에서 다니지."
아들은 또 결심을 했는지 공부를 하는 것 같았습니다. 그러더니 수능시험을 기대 이상으로 잘 봐서 집에서 학교를 다닐 수 있는 대학에 합격을 하였습니다. 할렐루야!

9. 이쁜 우리 태국 며느리

우리 며느리는 태국 며느리입니다. 태국에서 아주 곱게 자란 며느리입니다. 아버지는 경찰공무원이셨는데 돌아가시고 사업하시는 어머니의 손에서 곱게 자란 무남독녀 외동딸입니다. 며느리가 방콕대학을 졸업하자마자 곧바로 결혼을 하였습니다.

하나님이 특별히 주신 우리 아들은 무엇이 되겠다거나 무엇을 해보겠다는 욕심이 없었습니다.

대학 졸업을 앞두고 아무리 봐도 하고 싶어하는 것이 없을 것 같아 걱정이었습니다.

그런데 졸업 마지막 여름방학 때 기회가 왔습니다. 큰딸이 결혼해서 사위와 미국에서 몇 년을 살았습니다. 사위가 운동선수(승마 국가대표)였기 때문에 공부가 부족해서 영어공부를 위해 몇 년 미국에서 살았습니다. 큰손주는 미국에서 태어났고 둘째 손주 출산 때 제가 아들을 미국에 데리고 갔습니다. 데려간 이유는 넓은 세상을 보고 무엇인가 느껴보라는 것이었습니다.

처음 미국에 가서는 영어학원에 등록을 하라니까, "짧은 시간에 얼마나 한다구요. 그냥 놀다 갈래요." 했습니다.

그런데 제 권유에 못 이기는 척 등록을 해서 다니는데 아주 재미있어 하는 것입니다.

학원이 끝나면 모여서 또 공부를 하고 시험을 보면 1등을 하고 효과 100%였습니다.

그리고 그때 미국에 유학을 온 지금의 며느리를 만난 것입니다. 그때는 별로 친하게 지내지 않았는데 귀국해서 계속 인터넷을 통하여 친분을 다져온 것 같습니다.

아들은 귀국하여 어학의 필요성을 느꼈는지 일본어를 하겠다고 졸라서 일본에 1년을 가게 되었습니다. 일어 자격증도 딴 것을 보면서 미국에 데려갔던 것이 정말 잘했다 싶어졌습니다.

한번은 태국에서 친구가 놀러 온다는 것입니다. 바로 지금의 며느리였습니다. 첫눈에도 예쁘고 아주 다소곳하고 참하게 생겼습니다. 그래서 얼마 동안 한국에 머무르다 돌아갔는데, 그 아가씨랑 결혼을 하겠다는 것입니다.

"졸업도 취직도 아직 하지 않았는데 무슨 결혼? 결혼하려면 취직부터 해라. 그러면 결혼시켜 줄게."

사실 저는 태국 며느리라 해서 반대하고 싶지는 않았습니다. '본인이 좋으면 되는 것이지.' 하는 마음이었습니다.

아들은 단호했습니다. 많은 여자를 사귀어 봤지만 이번은 다르다는 것입니다. 연분인지 무슨 짓을 해도 다 이쁘다는 것입니다. 그러면 일단 태국을 방문해서 그 가정의 분위기를 한번 살펴보고 오라고 보냈습니다.

아들이 다녀와서 말하는 것입니다.

"엄마, 우리보다 훨씬 여유롭게 살고, 불교국가인 태국에서 그 집안 사람들은 모두 하나님을 섬기며, 사는 동네도 기후나 여건이 너무 좋아 보여요."

그러면서 다부지게 말했습니다.

"엄마, 그냥 결혼식만 올려 주세요. 많은 돈 들이지 않아도 돼요. 그냥 이 집에서 엄마아빠랑 함께 살게요."

그쪽에서도 우리 아들을 썩 마음에 들어했습니다.

남편은 처음에는 반대했지만 아들 앞에 꺾이고 말았습니다. 그래서 태국 사돈에게는 "몸만 오세요. 저희가 다 준비하겠습니다." 하고 결혼식을 올렸습니다. 저희 쪽에서 모든 것을 준비하다 보니 저는 며느리를 얻으면서 양말 하나 받지 못했습니다. 그러나 며느리가 너무 사랑스럽고 어여쁘기만 합니다.

저는 하나님이 허락하시면 며느리의 나라 태국에 교회를 세우고 싶은 마음입니다.

10.
십일조로
받은 축복

저는 교회에 나가는 그날부터 하나님께 십일조를 드렸습니다. 제 처지에 참 어려웠습니다.

남편이 수시로 그 돈을 가지고 닦달을 하는 것입니다.

"또 교회에 돈 갖다 줬어? 아주 다 갖다 주는군 그래. 헌금은 얼마씩 하는 거야?"

"100원밖에 안해요."

하얀 거짓말을 너무 많이 한 것 같습니다. (남편에게는 이 책을 보여주지 말아야지) 그러나 제 마음은 언제나 지갑을 탈탈 털어서 다 드리고 싶었습니다.

그때 당시 남편이 개인회사에 다니고 있었는데 어느 날 잘 아시는 분이 공무원 쪽으로 이끌어 주셨습니다.

그때 당시 공무원과 회사의 대기업과는 월급 차이가 많이 났습니다. 직장을 옮긴다는 것이 쉽지 않았습니다. 이럴까 저럴까 고민을 하고 있는데 교회도 다니지 않는 남편이 하루는 꿈을 꾸었다는 것입니다.

"여보, 아주 맑은 물이 흐르는데 내게 직장을 바꾸어 보라는 그 사람과 내가 상추쌈을 싸서 함께 먹는 꿈을 꾸었어."
저는 즉시 남편에게 말했습니다.
"그래요? 그럼 옮겨요. 한솥밥을 먹게 되나 봐요."
남편은 제 말에 곧 직장을 옮겼습니다. 월급은 상당히 줄었지만 하나님은 이모저모로 다 채워주시고 온 가족의 건강과 옆으로 새어 나가는 물질은 다 막아주셨습니다.

하나님 앞에 십일조 드리면서 때로 이런 의문도 있었습니다.
'사업하는 사람은 하나님께서 큰 축복을 주실 수 있지만, 회사 월급을 받는 사람은 수입이 거기서 거기인데 무슨 큰 축복이 있을까?'

그런데 하나님은 우리의 생각을 뛰어넘는 분이셨습니다. 물질의 축복도 분에 넘치게 주셨습니다.

남편은 10년 전에 퇴직을 했습니다. 기초적인 것은 하나님께서 먹고 살게 다 마련해 주셨습니다.

집도 강남의 서민아파트에 살면서 돈이 없으니까 처음에는 작은방을 세를 놓아야 했습니다(1976년 10월). 그렇게 살았는데 구역예배를 다니면서 다른 집에도 가볼 기회가 생겼습니다. 다른 집에는 싱크대도 있고, 아주 잘 꾸며 놓고 살고 있었습니다. 그런데 우리 집은 기본 시설만 되어 있는 집이라 그 당시 싱크대도 없었습니다. 그러니 다른 집의 구역예배에 다녀오면 속이 상하는 것입니다. 빠듯하게 샀으니 수리할 돈은 없었습니다.

그때가 제 나이 26살이었는데, 그때 집을 샀다는 것도 하나님의 기적적인 은혜로 산 것입니다.

제가 우리 아파트를 120만원에 샀는데 산 지 1년 만에 400만원대로 오르는 것입니다.

"여보, 집값이 올랐으니까 아파트를 팔아서 송파구 풍납동의 주택으로 이사를 갑시다."

남편은 아파트보다 주택을 선호했습니다.

"네, 그러지요."

반대할 이유가 없어서 아파트를 390만원 정도에 팔았습니다. 아파트를 팔고 나니 전도사님이 오셔서 말씀하시는 것이었습니다.

"아니, 구역장이 왜 이사를 가요? 이 강남이 축복의 땅인데 왜 이사를 가나요?"

나는 또 주의 종의 말씀에 거역하지 못하고 순종했습니다. 저는 구역장과 조장·주의 종의 말씀은 곧 하나님의 말씀이라 생각하고 순종했습니다.

전도사님의 말이 맞는 것 같아서 아파트를 도로 사려고 부동산에 알아보았습니다. 그런데 요 며칠 사이에 올랐던 아파트 값이 뚝뚝 떨어진 것입니다.

그래서 그 판 돈을 가지고 최고의 위치에 가장 좋은 시설로 집을 다시 사서 이사를 가지 않고 주저앉았습니다. 팔았다 사는 바람에 돈을 안 들이고 최고의 시설을 한 셈입니다.

그렇게 그곳에서 오래 살다가 개포동 개발지로 이사를 했는데 그곳에서도 1년 만에 집값이 꼭 배로 올랐습니다. 그렇게 몇 번을 하고 지금의 장막에 살게 되었습니다.

아파트에 10여 년 사니까 또 주택에 미련을 버리지 못하고 1988년에 다시 대치동으로 나와 주택을 마련하게 되었습니다.

그런데 심방을 다니다 보면 집을 새로 짓는 곳이 눈에 띄었습니다.

'하나님, 우리 집도 한 번 지어야 하지 않겠어요?'

간절한 기도는 아니지만 그렇게 중얼거리고 다녔습니다.

그런데 건축 쪽 일을 하시는 남편의 지인 한 분이 있었는데, 남편의 도움을 많이 받던 분이었습니다. 그분이 크게 건축업을 하다가 어려워져서 소식이 끊겼었는데 어느 날 불쑥 찾아왔습니다.

"제가 재기를 해야 하는데 형님 집을 지어야겠습니다."

우리는 집을 지을 생각도 하지 않았기 때문에 아무 준비도 없었습니다. '돈도 없이 어떻게 하자는 말인가.' 생각했는데 하도 조르는 바람에 허락을 했습니다. 남편이 신용이 있어서인지 여기저기서 집 짓는 자금을 빌려주어서 짓게 되었습니다.

노후를 생각해서 수입이 되는 원룸을 건축하자고 우겨서 원룸을 짓게 되었습니다. 항상 주님은 제 생각보다 앞서 행하시는 분이십니다.

"일을 행하시는 여호와, 그것을 만들며 성취하시는 여호와, 그의 이름을 여호와라 하는 이가 이와 같이 이르시도다 너는 내게 부르짖으라 내가 네게 응답하겠고 네가 알지 못하는 크고 은밀한 일을 네게 보이리라"(렘 33:2-3).

1993년에 원룸을 지었는데 그때부터 대치동에 원룸 붐이 일기 시작했습니다.
"와, 정말 잘 지었네요."
우리 집을 짓는 것을 보고 잘하니까 이웃에서 한 서너 동을 계속해서 짓게 되었습니다.
그 일을 통해서 그분은 재기할 수 있었습니다.
그렇게 하나님이 집을 다시 지어주셔서 오늘까지 살고 있습니다.

11.
변화를 겪다

우리 교회가 한번 변화가 있었습니다. 처음에 제가 지하실에다 개척을 했는데 하나님의 은혜로 지상 3층으로 올라갔습니다. 아름답게 꾸며서 올라갔는데 올라갈 때도, 맨 처음에 꾸며준 남편의 지인분이 와서 다 꾸며 주었습니다.

그런데 꿈을 가지고 3층으로 올라갔는데 교회는 크게 부흥하지 못했습니다. 그리고 새벽 기도 때 위층에서 시끄럽다고 자꾸 항의가 들어오는 것입니다.

한 2년쯤 되었는데 주인이 교회 좀 제발 빼달라고 사정을 하는 것입니다.

"건물 융자를 받으려고 하는데 교회가 있으면 안 준답니다. 무슨 일이 생겨 건물을 매도하려고 해도 교회는 강제로 쫓아낼 수도 없어 어쩔 수가 없답니다."

그 말을 들으면서 제 마음속에 갈등이 생겼습니다.

'교회 월세도 너무 비싸고 10년 목회를 했으니까 그만하면 안

될까?'

이제 그만했으면 하는 마음도 있었습니다. 그래서 새것으로 장만한 성구도 다른 목사님을 줘 버렸습니다. 이참에 목회를 접어야겠다고 생각했습니다.

그런데 믿음이 없는 것 같은 남편(개척 3년 후부터 교회에 나옴)이, 아주 없애지 말고 중요한 것은 집의 창고에 보관하고 원룸에서 예배를 드리라는 것입니다.

그래서 좁은 원룸으로 교회를 옮기고 예배를 드리기 시작했습니다. 남편은 믿음이 없는 것 같으면서도 결정적인 순간에는 저를 돕는 동역자가 되어 있었습니다.

원룸이지만 주일예배와 새벽기도 · 낮기도 · 수요예배 · 금요철야를 빠지지 않고 드렸습니다. 월세 신경 쓸 일도 없고 너무 좋았습니다.

> "비록 무화과나무가 무성하지 못하며 포도나무에 열매가 없으며 감람나무에 소출이 없으며 밭에 먹을 것이 없으며 우리에 양이 없으며 외양간에 소가 없을지라도 나는 여호와로 말미암아 즐거워하며 나의 구원의 하나님으로 말미암아 기뻐하리로다"(합 3:17-18).

전도사님이 다시 나가자고 하면 저는 정색을 했습니다.
"여기도 채우지 못하는데 성전만 얻어 나가면 무엇하나요? 내 마음이 움직여야지 나가고 싶은 마음이 조금도 안 드는데 어떡합니까?"

그러면서 또 2년이 지났습니다.

그런데 어느 날 갑자기 이런 생각이 드는 것입니다.

'한 번 더 나가서 해봐야지. 아직은 더 해야 되지 않겠나?'

그래서 집 앞 문방구 집사님에게 말했습니다.

"나 교회 다시 한 번 해봐야겠어요."

말이 떨어지자마자,

"목사님, 여기 옆 건물 지하가 다 나가서 비어 있어요. 한번 보세요."

하는 것이었습니다.

"그럴까요?"

그 길로 옆 건물 지하에 가 보았습니다. 무슨 하자가 있었는지, 이미 세입자는 다 내보내고 공사 중이었습니다. 페인트칠을 하얗게 해놓았습니다.

'다 꾸며져 있으니까 여기서 시작해도 될 것 같은데….'

지난번에 개척을 시작할 때도 집 앞 건물이었습니다.

'먼 곳이면 못할 것 같으셨나? 이번에도 바로 우리 집 앞 건물이네?'

항상 하나님은 저보다 앞서 행하십니다. 그래서 그곳을 다시 꾸며서 시작하기로 했습니다.

2010년 9월 3일에 다시 교회 이전예배를 드리고 나왔습니다. 재개척을 시작하면서 인터넷을 통해서 밤을 새워가며 훌륭한 목사님들의 영성 깊은 말씀을 접하게 하시고 또 말씀에 푹 빠지게 하셨습니다.

그런데 이번에는 얼마나 말씀으로 가슴을 치는지 가슴을 주먹으로 치면서 펑펑 울면서 말씀을 접하게 하셨습니다.

"하나님! 10년 목회는 제가 했습니다. 성령님보다 제가 앞서 잘해 보겠다고 몸부림쳤습니다. 이제는 성령님이 하세요. 저는 따라갈래요."

하고 회개했습니다.

"네 길을 여호와께 맡기라 그를 의지하면 그가 이루시고 네 의를 빛 같이 나타내시며 네 공의를 정오의 빛 같이 하시리로다" (시 37:5-6).

시   회 심

– 2010. 2. 4(말씀에 사로잡혀)

주님!
나는 울었습니다
울고 또 울었습니다
주님의 마음을 알고 나서
울고 또 울었습니다

주님!
나는 울었습니다
주님의 사랑을 알고 나서
울고 또 울었습니다

주님!
나는 울었습니다
울고 또 울었습니다
무지한 나의 모습을 바라보며
울고 또 울었습니다

주님!

나는 울었습니다
어떻게 주님께서
쓰시기에 편한 종이 될까
울고 또 울었습니다

주님!
나는 울었습니다
지나온 세월 순간순간
주님이 함께하심을 알고
울고 또 울었습니다

내가 핍박 중에도
기뻐할 수 있었다는 것
그것이 주님이 함께하심이었다는 것을
알고 또 울고 울었습니다

나에게 베풀어 주신 모든 축복
그것이 하나님이었다는 것을 알고
울고 또 울었습니다

주님!
이제는 주님께 드릴게요

나의 마음을 드릴게요

나의 몸을 드릴게요
나의 입술을 드릴게요
나의 손을 드릴게요
나의 발을 드릴게요

주님 하시고 싶은 일에
마음껏 쓰시옵소서
이 생명 다 하는 그날까지
쓰시옵소서.

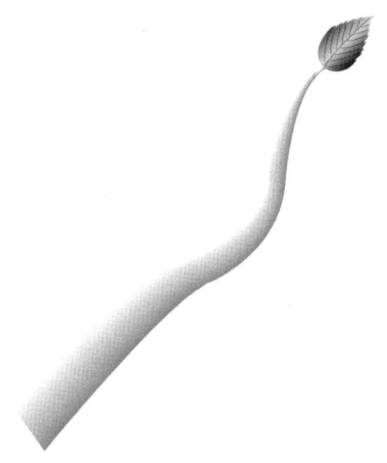

제5장

비전과 선교

1. 이웃을 섬겨 보자

교회를 부흥시켜서 크게 성장하게 하는 것도 하나님께서 기뻐하시는 일이지만, 정말 하나님을 사랑하는 만큼 이웃을 사랑하는 것이 하나님이 원하시는 일이라고 생각합니다.

'하나님을 기쁘시게 해드릴 일이 뭐가 있나? 작은 일이라도 시작해봐야지.'

개척 시작부터 선교와 구제는 빼놓지 않고 꾸준히 해 왔습니다. 그러다가 생각이 미친 것이 이웃, 즉 지역주민을 섬기는 일이었습니다.

'그래. 가까이 있는 우리 주변의 이웃부터 섬기는 일을 시작해 보자.'

이미 큰 교회에서는 많이 하고 있는 일이었습니다.

저는 동사무소에 의뢰해 할머니 한 분을 소개받아 시작했습니다. 강남이라는 곳은 잘사는 사람도 많지만 그곳에서도 형편이 어려워 굶고 힘들게 사는 사람들도 많이 있습니다. 어디에서나 소외되는 사각지대는 있게 마련이기 때문에, 그런 곳을 어머니의 눈으로 살피고 돕는 일을 해 나갈 생각입니다. 한 가정, 두 가정, 앞으로 많은 가정에 선한 손길을 베푸는 교회가 되기를 원합니다.

"나의 계명을 지키는 자라야 나를 사랑하는 자니 나를 사랑하는 자는 내 아버지께 사랑을 받을 것이요 나도 그를 사랑하여 그에게 나를 나타내리라"(요 14:21).

기도는 두 가지입니다. 더 많은 이웃을 섬기고 더 많은 선교를 하기 원합니다.

◀ 국가조찬기도회

2. 쉽지 않은 전도

저는 평신도였을 때 성령님의 인도를 받아서 하나님의 부름에 순종하여 주의 종의 길을 걸어왔습니다.

앞에서 끌어주시는 하나님의 뜻을 따라서 정신없이 온 것만 같습니다. 다른 곳은 바라볼 시간도 바라볼 마음도 없었습니다. 예수 그리스도의 복음이 너무나 좋고 행복해서 다른 세상의 즐거움에는 관심도 없었습니다. 남들이 정신없이 빠져드는 세상의 좋은 것들은 하나도 저의 눈길을 끌지 못했습니다.

좋은 옷이나 명품 가방 등에 저는 별로 관심이 없는데 하나님은 그러한 것까지도 남에게 빠지지 않게 하십니다. 이제까지 제 손으로 좋은 가방 한 번 사보지 않고 비싼 옷도 사지 않았는데, 다른 사람의 손을 통하여 주십니다. 제가 갖고 싶은 것을 생각하면 어떻게 아시는지 주십니다. 제 마음과 행동을 앞서 가시면서 응답해 주시는 하나님이십니다. 그러니 하나님을 생각만 해도 감사의 눈물이 나지 않을 수가 없습니다. 언제나 저는 한결같은 하나님의 울보입니다.

목회를 하다 보면 너무 안타깝고 실망스러워서 낙심할 때가 있습니다. 온갖 정성을 다해 심은 씨앗에서 제대로 싹이 트지 않는 것을 볼 때, 어쩔 수 없이 마음이 상합니다. 겨우 싹이 났는데 금세 말라 버리는 경우도 있습니다. 또한 아무리 열심을 내고 사랑을 줘도 영혼 전도가 쉽지 않아서 힘이 빠져 주저앉을 때도 있습니다.

'영혼 구원! 영혼 구원!'

노래를 부르며 다닐 만큼 열심을 내어 전도하다가도 거둬지는 열매가 없으면 실망할 수밖에 없는 나약함 앞에 눈물을 흘리기도 했습니다.

그 당시에는 비록 아무 열매를 맺지 못한다 하더라도, 진액을 짜내어 전도하는 모습을 보시고 하나님께서 사람을 보내주시는 것을 압니다.

저는 처음에 교회에 나갔을 때는 하나님이 이 세상에서 저를 제일 사랑하는 줄 알았습니다. 24시간 내내 오직 다정한 눈길로 저만 내려다보고 계시는 줄 알았습니다. 그래서 1분 1초를 조심, 또 조심하며 행동을 하였습니다. 하나님 앞에 있기 때문에 행동도 늘 경건하게 하고 마음도 깨끗하고 정결하게 가지려고 노력했습니다. 어떤 사람은 하나님을 두려운 하나님으로 알아서 한번만 주일을 범해도 하나님이 매를 때리니 무섭다고 하는 사람도 있습니다.

육신의 아버지가 엄하고 아버지와의 관계가 냉랭했으면 하나님도 무섭고 차가우신 분으로 생각한다고 합니다. 그런데 저는 막내라서 아버지의 사랑을 많이 받았기 때문인지 아버지가 무섭지 않았습니다. 우리 오빠나 언니들은 아버지가 무섭다고 하는데 저는 아버지의 사랑을 받고 살아서, 하나님도 두려운 하나님이 아니라 사랑의 하나님으로 다가오셨습니다. 늘 내편이신 하나님, 저를 보호해주시는 하나님으로 삶 속에서도 함께해 주셨습니다.

하나님께서 우리를 때리신다고 해서 미워서 무섭게 때리는, 망하라고 죽기까지 때리시는 분이 아니십니다. 우리를 아주 멸하고 주저앉히시는 분이 아니라 어찌하든지 다시 건강하게 일으키시기 위해서 눈물을 감추고 때리시는 것입니다. 우리를 영원히 망하라고 고난의 길로 집어넣는 것이 아니라는 것을 알고 있습니다.

저는 처음에는 시편 1편과 시편 23편을 늘 입술로 고백하며 살았습니다.

"하나님은 나 재숙의 목자시니, 나 재숙에게는 부족함이 없도다. 복 있는 재숙이는 악인의 꾀를 좇지 아니하며, 죄인의 길에 서지 않으며…."

그렇게 1편과 23편에 항상 제 이름을 넣어서 하나님께 고백을 하곤 했습니다.

"복 있는 사람은 악인들의 꾀를 따르지 아니하며 죄인들의 길에 서지 아니하며 오만한 자들의 자리에 앉지 아니하고 오직 여호와의 율법을 즐거워하여 그의 율법을 주야로 묵상하는도다 그는 시냇가에 심은 나무가 철을 따라 열매를 맺으며 그 잎사귀가 마르지 아니함 같으니 그가 하는 모든 일이 다 형통하리로다 악인들은 그렇지 아니함이여 오직 바람에 나는 겨와 같도다 그러므로 악인들은 심판을 견디지 못하며 죄인들이 의인들의 모임에 들지 못하리로다 무릇 의인들의 길은 여호와께서 인정하시나 악인들의 길은 망하리로다"(시 1:1-6).

우리는 복받기를 원하지만 복은 이미 창세기 1장 28절 말씀을 보면 이미 주셨다고 생각합니다. 우리는 그 은혜와 사랑에 감격하여 말씀대로 살면 되는 것(시 1:1-2)이라 생각합니다(하나님의 정화작업).

은혜도 주시고 구원도 주시고 복도 다 주셨기 때문에 우리는 천국시민으로서의 법(율법)을 지키면서 살면 되는 것입니다(요 14:21).

"여호와는 나의 목자시니 내게 부족함이 없으리로다 그가 나를 푸른 풀밭에 누이시며 쉴 만한 물 가로 인도하시는도다 내 영혼을 소생시키시고 자기 이름을 위하여 의의 길로 인도하시는도다 내가 사망의 음침한 골짜기로 다닐지라도 해를 두려워하지 않을 것은 주께서 나와 함께 하심이라 주의 지팡이와 막대기가 나를 안위하시나이다 주께서 내 원수의 목전에서 내게 상을 차려 주시고 기름을 내 머리에 부으셨으니 내 잔이 넘치나이다 내 평생에 선하심과 인자하심이 반드시 나를 따르리니 내가 여호와의 집에 영원히 살리로다"(시 23:1-6).

저를 이끄시는 말씀입니다.
저는 순한 양이 되어야 할 것이며(순종), 사망의 골짜기를 통해 단련하시는 하나님(연단), 원수의 목전에서 상을 베푸시는 하나님(승리)이심을 믿어야 합니다.

하나님

— 1996. 1. 20

주님은
나의 삶의 의미입니다

주님은
나의 삶의 전부입니다

주님은
나의 삶의 기쁨입니다

주님은
나의 삶의 소망입니다

주님은
나의 삶의 목적입니다

나의 사랑하는 주님
그 이름을 위하여
나의 전부를 드린다 해도

조금도 아깝지 않은

그 이름 예수 그리스도이십니다.

3.
102살까지
장수하신 친정어머니

저 의 친정어머니는 2011년에 102살의 나이로 돌아가셨습니다. 제가 막내인데 무병장수의 복을 누리시고 편안히 돌아가셨습니다.

친정어머니는 평생 한 번도 병원 신세를 안 지시고, 큰 병도 없으시다가 102살에 정말 주무시는 듯이 소천하셨습니다. 병원에 1년 동안 계시면서 우리 자손들에게 이별할 마음의 준비도 시키셨습니다.

친정어머니는 병원에 들어가신 지 정확히 1년 되는 날 돌아가셨습니다. 어머니와 정을 나눌 수 있는 넉넉한 시간을 주신 것에 감사를 드립니다.

시어머니도 97세의 나이로 장수하시다가 저희 친정어머니가 돌아가신 같은 해에 돌아가셨습니다. 몸져누워 큰집에서 계셨는데 그렇게 금방 돌아가실 것 같지 않았습니다. 우리 친정어머니가 오늘 가시려나 내일 가시려나 하고 있는데 월요일에 전화가 왔습니다.

"시어머니가 아무래도 이번 주를 못 넘기실 것 같아요."

큰집에서 위독하다는 연락이 왔습니다. 그래도 금방 돌아가실 것 같다고는 하지 않았으니까 목요일쯤에 내려가 봐야겠다고 생각하고 있는데, 화요일 아침 새벽에 운명하셨다는 전화가 왔습니다.

그래서 그 길로 큰집에 내려갔습니다. 목요일에 발인하고 장례가 끝나는데 서울에서 친정어머니가 돌아가셨다고 전화가 왔습니다. 그래서 목요일에 곧바로 서울로 올라와서 친정어머니 장례식장으로 향했습니다. 그리고 토요일까지 두 분의 장례를 무사히 다 마쳤습니다.

오빠 목사님이나 저나 하나님의 은혜로 주일 예배에 지장 없이 장례를 마칠 수 있었습니다. 일주일 사이에 시어머니께서 화요일에 소천하신 것을 시작으로 목요일에 친정어머니로 마치게 해주셨습니다. 경주에서 발인하고 서울로 올라와서 친정어머니의 장례를 치르고 주일날 예배를 드렸습니다.

시어머니나 친정어머니께서 다 장수하시고 연로하셔서 늘 마음의 준비는 하고 있었습니다.

'아버지께서 주일은 피하게 해주실 거야.'

생각하고 기도해 왔는데 그렇게 해주신 것입니다.

시어머니와 친정어머니가 평소에도 의가 좋고 친하셨습니다. 그래서 앞서거니 뒤서거니 한 주간 안에 하나님 나라에 가신 것 같습니다.

'시어머니께서 먼저 돌아가시고 친정어머니가 돌아가시면 좋겠는데….'

이렇게 생각했는데 시어머니께서 3일 먼저 떠나시고 친정어머니께서 뒤따라 가셨습니다.

지금까지도 어머니를 생각하면 눈물이 흐릅니다. 천국에서 다시 만난다고 생각하지만 이 땅에서의 이별은 정으로, 아쉬움으로 남는가 봅니다.

또 제가 막내라서 어머니와의 정이 깊을 수밖에 없습니다.

아직도 사무치게 그리운 어머니.

사랑스런 손주놈들

— 2009. 1. 23

사랑둥이
재롱둥이
귀염둥이
착한둥이
하나님이 주신 선물
무럭무럭 자라거라
큰 인물로 자라거라

우인아, 우진아
사랑스런 손주들아
너희의 자는 모습이
어찌 그리도 사랑스러우냐
네가 커서 이 할미의
사랑을 알지 모르지만
너무너무 사랑스럽구나

너희를 보고 있노라면
하나님의 은혜에

더욱 감사가 나온다
어찌 그리도 자는 모습이
의젓하고 기특한지…
분명히 너희는 점잖고 의젓하게
훌륭한 인물이 될 것이다
하나님이 너를 이 땅에 보내셨으니까.

4. 제천 순복음신학교에 들어가다
(순총학원)

저는 늦은 나이에 순총학원에 속한 제천 순복음신학교에 들어갔습니다.

학창시절에는 대학에 가고 싶은 마음도 필요성도 느끼지 못했습니다. 아마 부모님의 나이가 많으시고 집안 형편도 되지 않아 그랬나 봅니다.

그런데 아이들도 다 크고 마음의 여유가 생기다 보니 공부에 열의가 생기는 것입니다. 막연하게나마 문학을 공부하고 싶은 생각이 들었습니다. 하나님께 고백적인 글을 올리다 보니 시에 대해 관심이 생기며 공부를 해보고 싶어졌습니다.

그러던 중 우리 교단에서 정말 어렵게 대학을 인가받아 1회 학생을 모집하고 있었습니다. 그래서 1회로 입학을 하게 되어 벌써 졸업반이 되었습니다.

제가 대학에 간다고 했을 때, 남편이나 자녀들은 시큰둥하게 생각했지만 저는 그렇지 않았습니다. 그래서 말했습니다.

"나 대학에 갈 자격 있어."

이제까지 남편 뒷바라지와 자녀 뒷바라지를 해 왔는데, 이제는 저를 위한 일을 하겠다고 말했습니다. 제가 학교에 다니는 것에 대해 말하지 말라고 일침을 놓았습니다.

그 말에 아무도 더 이상 말하지 못했습니다.

그런데 학교생활이 너무도 재미있습니다. 시간적으로 바쁘지만 좋아서 하는 일이니 힘든 줄도 모르고 학교로 제일 먼저 가서 앉아 있습니다.

또 시험 때마다 감격의 눈물을 흘립니다. 성령님의 도우심을 알기 때문입니다.

'하나님의 지혜와 총명과 명철과 재능을 더하소서.'

시

아침 산책길에서

― 2008. 9. 22

아파트 빌딩 사이로 힘 있게 솟아오른 태양
오늘도 어김없이 힘차게 떠올라 비추어 주는군요

악인에게나 선한 이에게나 어김없이 비추어 주는군요
넓은 바다에서 보는 일출도 아름답지만
나뭇가지 사이로 찬란하게 비추는
그 모습도 더욱 아름답습니다

고맙습니다
감사합니다
사람에게나 식물에게나 짐승에게나
하나님이 비추어 주시는 태양 빛이 없으면 살 수 없습니다
추운 겨울을 잘도 견딘
쑥, 냉이, 이름 없는 잡초에 이르기까지…

하나님!
사랑해요
정말정말 사랑해요

그 사랑 놓치지 않게 하소서

부족하고 부족한 이 종
무엇으로 하나님을 기쁘게 해 드릴까요
감사의 눈물만이 볼을 적십니다

하나님!
외형을 보지 않을게요
사람을 보지 않을게요
그냥 이 자리에서 주님 인도하시는 대로 따라갈게요
내 마음을 비우게 도와주세요
오직 주님의 마음만 헤아리게 도와주세요.

늙어간다는 것

– 2009. 1. 23

늙어가는 것이 서글프다구요?
나는 늙어가는 것이 대견하게 느껴집니다
올해 나이 58세
60을 바라보지만 조금도 서글프지 않답니다
겉은 후패하되 속사람은 날로 날로
새로워져 간다는 고백같이

늙어간다는 것은 자연스러운 것
그대로 수용하고 받아들이는 것
그러나 마음은 젊게
성령님이 주시는 마음대로
살기로 했다.

5.
시편 23편
말씀의 응답

하나님께서는 우리의 삶을 채워주십니다.
저에게는 정말 시편 23편의 그 말씀대로 은혜로 보호하시고 채워 주셨습니다.

"여호와는 나의 목자시니 내게 부족함이 없으리로다 그가 나를 푸른 풀밭에 누이시며 쉴 만한 물 가로 인도하시는도다 내 영혼을 소생시키시고 자기 이름을 위하여 의의 길로 인도하시는도다 내가 사망의 음침한 골짜기로 다닐지라도 해를 두려워하지 않을 것은 주께서 나와 함께 하심이라 주의 지팡이와 막대기가 나를 안위하시나이다 주께서 내 원수의 목전에서 내게 상을 차려 주시고 기름을 내 머리에 부으셨으니 내 잔이 넘치나이다 내 평생에 선하심과 인자하심이 반드시 나를 따르리니 내가 여호와의 집에 영원히 살리로다"(시 23:1-6).

하나님께서 저와 저의 가정을 푸른 초장 쉴 만한 물가로 인도해 주셨고, 교회적으로나 가정적으로도 안정되게 돌봐 주셨습니다.

부족한 저를 하나님이 일꾼으로 삼아주시고 높여주셔서 기관의 임원이 되게 해주셨습니다. 여교역자회장을 거쳐서 지금은 증경회장으로 이웃과 교회를 섬기고 있습니다. 저는 어떤 지위를 원하는 것은 아니었지만 순종하고 성실히 따라가다 보니까 이 자리에까지 오게 되었습니다.

제가 여교역자회장으로 일할 때 저를 잘 아시는 목사님께서 많은 여목사님들 앞에서 설교를 하시면서 이렇게 말씀하셨다고 합니다.

"박재숙 목사가 20대의 젊은 나이로 교회에 다닌다고 남편한테 머리까지 깎이며 핍박을 받고 그러더니, 이렇게 하나님 안에서 목사가 되고 회장까지 되었습니다."

▼ 여교역자 월례회

저는 그런 말을 들은 것이 부끄러웠습니다. 저는 부끄럽지 않은데 남편을 나쁜 사람으로 만드는 것 같아서 부끄러웠습니다.

지금까지 저는 남편에게 왜 내 머리를 잘랐느냐고 한마디도 하지 않았습니다. 왜냐하면 아직 하나님의 사랑을 모르는 남편으로서는 그럴 수도 있는 일이었기 때문입니다.

여교역자 모임이라는 것은 기독교하나님의성회 산하 우리 여자 목사님들의 모임입니다. 우리 기하성회 여자 목사님은 원래 최자실 목사님 한 분뿐이었습니다.

그런데 90년대 초 여성 안수가 시작되자 늘어나게 되었습니다. 저는 2002년도에 목사안수를 받았습니다. 많은 여목사들이 두 달에 한 번씩 모이고 일 년에 한 번씩 총회로 모이곤 합니다.

학교에 가면 저는 신학생이지만 이미 신학을 10여 년 전에 마쳤고, 목회를 10년 넘게 해온 사람입니다. 함께 공부를 하지만 다 후배입니다. 같은 동기이고 학우지만 저는 현장목회를 해온 사람이고 다른 사람들은 이제 막 신학을 하는 사람들이 많습니다.

뒤늦게 신학공부를 시작하여 나이가 많은 사람들도 많이 있습니다. 그중에 제가 나이가 제일 많습니다. 저는 조용히 다니지만 제가 제일 일찍 가서 열심히 활동을 합니다.

올해 3학년이라 총학생회 임원을 뽑았는데 이 부족한 저를 총학생회 부회장으로 세웠습니다. 하나님께서 자꾸 높여주시니 감사할 뿐입니다.

저는 믿음이 나태해지는 듯한 생각이 들 때마다 예수님의 설교를 듣습니다. 마태복음 5-7장 산상수훈입니다. 우리가 이 땅에서 어떻게 살아야 하는가에 대한 설교입니다.

오늘날을 가리켜 은혜의 시대라고 말하지만, 예수님의 은혜가 크게 다가올 때마다 말씀대로 살아가고자 하는 마음 또한 크게 느껴집니다.

"나의 계명을 지키는 자라야 나를 사랑하는 자니 나를 사랑하는 자는 내 아버지께 사랑을 받을 것이요 나도 그를 사랑하여 그에게 나를 나타내리라"(요 14:21).

▼ 남편의 장로 장립식

아이 예뻐라

— 2010. 5. 23

현관 앞 화단에 얼마 전에 누군가
작은 화분을 버렸다
아직 죽지 않은 작은 꽃나무라서
땅에다 심었다

그런데 살금살금 살아나더니
꽃이 피기 시작한 것이다

죽어가던 꽃나무가
살아나 꽃을 피우니
너무도 예쁘고 대견하여
나는 아침마다 만져 준다

오늘도
손으로 또 한 번 어루만져 주었다
오늘은 예쁜 꽃을 열 개도 넘게 피웠네
손바닥 반만한 몸에서 어쩜 이렇게
어여쁘고 많은 꽃을 피웠니

내가 매일 만져 주고 사랑해 주니
어느 꽃이 너만큼 사랑을 받겠니
그런데 나도 하나님께
그런 사랑을 받고 있단다
비록 작은 교회 목사지만
넘치는 하나님의 사랑을 말이다.

6.
남편 장로님과의 여행

남편 장로님은 제 목회의 평생 동역자입니다. 저는 1976년부터 교회에 다녔지만 남편은 오랜 세월이 지난 후 제가 2000년도에 교회 개척을 하고도 3년이 지난 후부터 나오기 시작했습니다. 그것도 시간이 나고 기분이 좋으면 어쩌다 한 번씩 나오곤 했습니다.

저는 교회에 가는 그날부터 기도제목이 남편 교회 다니는 것이었습니다. 가정은 별다른 문제가 없었기 때문에 오직 남편과 나란히 교회에 다니는 것이 간절하고도 간절한 소원이었습니다.

그런데 하나님은 다른 기도는 잘도 들어주시고 어떤 일은 생각만 해도 앞서 행하시는데, 남편 문제만은 저의 애간장을 태우고 잠잠하셨습니다.

남편 또한 다른 것은 제가 원하는 대로 잘도 따라주건만 교회에 다니는 것만은 따라주지 않고 지켜보기만 했습니다.

저는 언젠가부터 남편 문제는 내려놓고 제 갈 길을 갔습니다. 그런데 남편은 공무원이라서 현직에 있을 때는 시간도 없을 뿐

아니라 해외여행이 자유롭지 못했습니다.

그런데 퇴직을 한 후에는 제가 목사가 되어 지방회(강남지방회)에서 여행을 갈 때마다 동행하였습니다. 또 아이들도 미국에 살다 보니 갈 기회가 많았습니다.

돌아보면 하나님의 크신 은혜입니다.

1976년 처음 교회에 나왔을 때는 미국에 간다는 것은 상상도 못한 저를, 1996년 러시아 선교로 비행기를 처음 타게 하시더니, 미국과 유럽・동남아를 비롯하여 수십 개국을 보게 하셨으니 참으로 감사합니다.

이제 앞으로의 꿈은 하나님이 허락하시면 교회사역은 20년(현재 13년)이 되면 은퇴하고, 해외 선교에 남은 여생을 바치고자 합니다.

그러나 모든 것은 하나님의 계획 안에 있습니다.

오직 저는 주님의 계획하심에 순종할 따름입니다.

❄ 남편 장로님과 함께한 세계여행 이모저모

7.
나의 자화상

나의 삶을 되돌아본다.
봄이 되면 생각나는 추억들
여름이면 냇가에서 소꿉장난하던 일
철교 아래 냇가에서 헤엄을 치며 물속에
예쁜 돌을 던져놓고 찾던 일

산으로 들로 다니며 나물 캐던 일
친구와 들로 다니며 나물을 캐다
더 많이 캐겠다고 다투던 일
그 모든 것이
너무나 소중하고 아름다운 추억으로 남는다.

그러다 훌쩍 커 서울이라는 가장 복잡한 도시에서
삶이 무척이나 생소했지만
이른 나이에 아이 낳고 집안에 묻혀

오직 신앙생활과 집안 일이 전부인 삶을 살아왔다.
가끔씩 뒤돌아보면 모든 삶이 소중하고 후회함이 없다.
때론 고비고비의 삶이 추억이 되기도 하고
이만큼 나이를 먹어 왔다는 것이 대견하기도 하다.
나는 이제 환갑을 바라보는 나이에 새로운 일에 도전을 한다.

항상 무언가 새로운 변화를 원하는 마음이 나를 이끈다.
정작 젊은 날에는 관심이 없었던 대학을
언젠가부터 갈망하고 있었다.

그런데 그것이 현실로 이루어져 너무나 기쁘다.
나는 오늘을 열심히 살아갈 것이다.
그리고 훗날 뒤돌아봤을 때
그때도 후회함이 없는 삶이 되도록 말이다.

나는 차를 타고 서울을 벗어나
시골 풍경이 펼쳐질 때마다 고향이 떠오른다.
어릴 때 뛰놀던 시절이 생각난다.
그런 추억이 있다는 것이 자랑스럽다.
우리 아이들은 그런 추억이 없다는 것이 안돼 보인다.

나는 이제 앞으로의 꿈을 향해 달려간다.

나의 아버지!
너무나도 소중하고 사랑하는 나의 아버지!
그 이름 불러만 봐도 가슴이 뭉클한
나의 아버지, 나의 하나님을 가슴에 품고
그분의 뜻을 좇아 달려간다.
오늘 하루를 기쁨으로 즐거움으로 최선을 다해.

시

하나님의 짝사랑

- 2013. 2. 7

내가 죄인 되었을 때 나를 부르신 하나님
나의 허물을 아시면서 나를 부르신 하나님

내가 죄인 되었을 때 구원의 선물을 준비하신 하나님
나의 허물을 아시면서 사랑의 선물을 준비하신 하나님

이 사랑의 둔탱이는 그 사랑의 손짓을 몰랐습니다
이 사랑의 둔탱이는 그 사랑의 음성을 몰랐습니다
이 사랑의 둔탱이는 그 사랑의 몸짓을 몰랐습니다

어느 날 이 둔탱이는 그 사랑의 손짓을 보았습니다
어느 날 이 둔탱이는 그 사랑의 음성을 들었습니다
어느 날 이 둔탱이는 그 사랑의 몸짓을 보았습니다

그러나
이 둔탱이는 그 사랑의 의미를 몰랐습니다
이 둔탱이는 그 사랑의 방법을 몰랐습니다
이 둔탱이는 그 사랑에 화답을 몰랐습니다

아…!
이제야 그 사랑의 의미를 알았습니다
이제야 그 사랑의 방법을 알았습니다
이제야 그 사랑의 화답을 알았습니다

이제야 하나님의 짝사랑에 화답합니다
하나님 사랑해요, 하나님 사랑해요

제 사랑의 마음을
바구니에 소복이 담아 드릴게요
제 회개의 눈물을
금 항아리에 가득히 담아 드릴게요
제 감사의 눈물을
금 항아리에 가득히 담아 드릴게요.

8. 나의 비전

책 의 출간을 앞두고 내가 쓴 책이 나온다고 생각하니 기쁘기도 하고 한편으로는 한없이 부끄럽습니다.

몇 년 전부터 간증집을 내고 싶은 마음이 생겼습니다. 나의 간증집이라기보다는 40년 가까운 신앙생활을 뒤돌아보면 하나님께 너무너무 감사해서입니다.

1976년에 하나님을 만나고, 오직 하나님만을 따라온 삶이 결코 내 힘으로 한 것이 아니기 때문입니다. 그래서 나의 간증이라기보다 성령님의 인도하심과 도우심이었음을, 그 크고도 깊은 은혜를 모든 분들과 나누고 싶었습니다.

책에 대한 생각을 마음에만 품고 있던 중 나됨출판사 김이리 선생님을 만나게 되었고, 망설이는 나를 부추겨 여기까지 오게 되었습니다. 저를 또 굴복하게 만든 한마디. "목사님 발 없는 책이 하나님을 위해 어떻게 쓰일지는 아무도 모릅니다." 이 한마디에 저는 또 굴복하게 되었습니다.

그래서 저의 기도는 "한마디도 나의 자랑이 되지 않게 하시고 오직 하나님이 하셨음을 드러내게 하소서!"입니다. 사실 저는 앞으로 계획이라든지 하는 것은 없습니다. 이제까지 그랬듯이 그냥 하나님께서 이끄시는 대로 따라가려고 합니다.

지금 마음으로는 앞으로 교회 사역은 제 나이 70이 되면 은퇴할 생각입니다(지금 62). 그리고 그 후에는 하나님께서 이끄시는 대로 선교를 하고 싶습니다. 며느리 나라인 태국에도 교회를 세우면 좋겠습니다. 그리고 하나님을 기쁘게 하는 일이라면 천국에서 하나님을 만나는 순간까지 계속하고자 합니다.

요즘 저는 정말 행복합니다. 제가 행복하다 하여 아무런 고민이 없다든지 아무 문제가 없어서가 아닙니다. 그 고민보다, 그 문제보다 더 크신 좋으신 하나님이 나와 함께 계시기에 행복하다는 것입니다.

또한 제가 행복하다고 말하는 것은 늘 사랑하는 하나님과 마음을 주고받기 때문입니다. 하나님이 저를 아시고 저의 형편과 사정을 아시고 묵묵히 보고 계신다고 생각하면 어느 새 눈에는 눈물이 고입니다. '사랑해요, 하나님!'

저의 하루 일과는 예전이나 지금이나 별로 다를 것이 없습니다. 보통 새벽 3시쯤에 일어나서 기도로 하루를 시작합니다. 바로 교회로 가서 새벽예배를 드린 후에 이런저런 일들을 합니다. 요즘은 인터넷을 통하여 말씀이 훌륭하신 목사님들의 강해설교를 듣거나 설교를 작성합니다.

그리고 5시에 새벽기도를 시작하면 6시쯤에 끝내고 곧바로 운동을 갑니다. 하나님이 주신 사명을 감당하는 데 육신이 연약하여 소홀함이 없도록 늘 건강에 신경을 씁니다. 운동을 하러 가면 거기에도 또 저를 기다리는 사람들이 많으니 행복합니다. 존귀하신 하나님 덕분에 어디를 가든지 "목사님! 목사님!" 하고 반겨주니 너무나 감사합니다.

그리고 하루 한 번 기도회를 인도하고 나면 하루가 갑니다. 주님 안에서 온전히 시간을 보낼 수 있도록 노력하고 있습니다. 묵상하고 말씀보고 찬양하는 시간들이 제 안에서 차곡차곡 쌓여져 잘 숙성되면, 길 잃은 어린 양들을 만났을 때 부드러운 꼴을 마음껏 먹여줄 수 있지 않을까 하는 간절한 바람을 품고 살아갑니다.

"내가 달려갈 길과 주 예수께 받은 사명 곧 하나님의 은혜의 복음을 증언하는 일을 마치려 함에는 나의 생명조차 조금도 귀한 것으로 여기지 아니하노라"(행 20:24).

저는 제2의 간증집도 준비하고자 합니다. 앞으로 하나님께서 저를 어떻게 이끄실지 기대를 품고 따라갈 것입니다. 그래서 나 박재숙 목사를 통한 성령행전을 쓰고 싶습니다.

그동안 저를 위해 기도해 주시고 이끌어 주신 모든 분께 하나님의 크신 은총이 있기를 기도합니다.

어! 떡두 있구 돈두 있네

지은이: 박재숙
초판일: 2013년 3월 9일
2쇄: 2022년 7월 9일

펴낸이: 김혜경
펴낸곳: 도서출판 나됨
주소: 서울시 은평구 역촌동 68-33 2층
전화: 02) 373-5650, 010-2771-5650
메일: nadoeml@naver.com

등록번호: 제8-237호
등록일자: 1998. 2. 25

값: 10,000원

저자와의 협약하에 인지를 생략합니다.
ISBN 89-94472-16-9 03230